ENGELBERT KÖTTER

Der Spaten muss warten

Einfach nachhaltig gärtnern: Boden pflegen, Wasser sparen & Insekten fördern

KOSMOS

Inhalt

WIE NACHHALTIGKEIT FUNKTIONIEREN KANN 5
NACHHALTIGE GARTENARBEITEN 11
NACHHALTIGE GRUNDAUSSTATTUNG 31
PFLANZEN – GROW YOUR OWN 63
GRÜNES WOHNZIMMER 91
NACHHALTIGE BIODIVERSITÄT 105

Bezugsquellen 120
Zum Weiterlesen 121
Register 122

Wie Nachhaltigkeit funktionieren kann

Dieses Buch nimmt Dich mit auf den Weg heraus aus der Ahnungslosigkeit. Anhand einer Vielzahl praktischer Fragen leuchtet es Dir diesen oft schmalen Pfad der situativ passenden Abwägungen aus: Mache ich es besser so – oder so?

Welt verändern? Garten verändern!

Hauptsache zukunftsfähig. Denn was in die Zukunft trägt, ist nachhaltig. Und das ist durchaus dynamisch. Mal ist dazu Beständigkeit gefordert, dann wieder Wandelbereitschaft. Dein Antrieb: Die unbändige Lust auf Garten!

Der Rat in den einzelnen Kapiteln stellt für Dich, wo erforderlich, Pros & Cons, Dos & Don'ts gegenüber. Damit Du zu einer für Dich passenden Lösung findest und ins Handeln kommst. Dieses Buch schreibt Dir nichts vor, gibt Dir aber an den entscheidenden Stellen verlässliche, klärende Fingerzeige, damit es Dir immer besser gelingt, Deinen Garten und den Globus miteinander nachhaltiger aufzustellen. Individuell ganz persönlich, situativ geeignet – und gemeinsam, mit allen anderen zusammen, die bei dieser globalen Menschheitsaufgabe mitmachen.

STARTKLAR? LUST AUF GARTEN? LUST AUF ZUKUNFT?

Dann lasse uns jetzt mit einem Brain-Opener beginnen. Er soll uns später dabei helfen zu verorten, zu verstehen und einzuordnen, wo wir mit dem ganz persönlichen nachhaltigen Verhalten im Garten stehen – und wohin die Reise gehen soll. Nimm Dir einen Moment beliebiger Länge dazu Zeit, vollkommen ruhig zu sein. Sei für einen Augenblick die Ruhe selbst. Stopp – einen Moment noch so bleiben! Denn hier folgt auch schon der Gegenbeweis: So ruhig Du persönlich Dich auch immer gerade fühlen magst, Du kreist gerade mit rund 1.670 Stundenkilometern auf dem Planeten, den wir Erde nennen. Pro Sekunde ein knapper halber Kilometer. Mehr

EINLEITUNG

Dein Garten. Und Deine Entscheidungen.

als die zehnfache Autobahngeschwindigkeit. Mit nahezu 30 km/h saust Du gerade auf der Ellipse entlang, der die Erde in ihrem Jahreslauf um die Sonne folgt. 220 km/h schnell, bist Du mit unserem heimischen Sonnensystem unterwegs, das um das Zentrum unserer Galaxie, die Milchstraße, kreist. Die wiederum schießt mit 370 km pro Sekunde dahin. Und der Galaxienhaufen den die Milchstraße mit unseren Nachbargalaxien bildet, bringt es im All auf stolze 630 Sekundenkilometer. Du siehst: Wie auch immer Du Dich persönlich gerade fühlen magst, die Faktenlage kann eine vielfach und komplett andere sein, als es die eigene Wahrnehmung in ihrer Vordergründigkeit beschreibt. So wundert es denn auch nicht weiter, dass wir in der Entspannungsoase Garten mit allen dort erlebten Genussmomenten eine durchaus andere Lage von Situation und Zukunft vor Augen haben, als die zusammenhängende Faktenlage es tatsächlich ausweist. Das macht es vertrackt. Garten ist doch Privatsache. Geht niemanden etwas an. Ja, sicher – aber eben auch nicht. Denn was Du tust oder lässt, hat jeweils seinen eigenen Impact. Mal in Deinem geschützten Privatraum Garten, mal in der öffentlichen Welt aller, in ihrem Großen und Ganzen. Gletscherschmelzen und Klimawandel, Artenschwinden und Entforstung, was wir heute als globale Menschheitsbedrohung erleben, zeigt sich uns als Folge von Verhalten über mehr als ein Dutzend Jahrzehnte, das wir in seinen Auswirkungen gerade erst zu lesen und zu verstehen beginnen. Und zwar so kurzfristig, dass für Schuldzuweisungen keine Zeit bleibt: Es braucht jetzt Lösungen. Und die bestehen aus Verhaltensänderungen. Dummerweise liegen die allesamt nicht innerhalb unserer Komfortzone.

PREISVERÄNDERUNG? VERHALTENSÄNDERUNG?

Es ist schon erstaunlich, angesichts höherer Energiekosten sehen Menschen die Lösung in der Preissenkung. Nicht im Minderverbrauch. Obwohl der Zuvielverbrauch fossiler Brennstoffe über knapp 200 Jahre hinweg doch genau dem Zubilligpreis fossiler Energieträger geschuldet ist. Zuvielverbräuche und Zubilligpreise auch an anderen Stellen in der Welt und im Garten. Was also tun? Verhaltensänderungen? Wenn ja, wie und welche? Verhaltensänderungen sollen Zukunft sichern. Nicht mehr als angemessen zu nehmen und zu verwenden, nennen andere Nachhaltigkeit. In diesem Buch werden die Begriffe Zukunftssicherung und Nachhaltigkeit nahezu gleichartig verwendet. Zukunftssicherung mit dem kleinen Zungenschlag von Zielvorstellung, Nachhaltigkeit mit der Konnotation von „das wirksame Handeln auf dem Weg dahin". Garten erleben und Erde gestalten, das hat seine miteinander verwobenen, scheinbaren Gegensatzpole. So wie Ruhepunkt und Geschwindigkeit. Oder wie Globalität und Individualität. Denn: Wie immer Du Dich persönlich änderst – rettet das Gletscher und Klima, Artenvielfalt und Forsten tatsächlich? Oder verpufft der eigene Aufwand nicht wirkungslos im Großen und Ganzen? Sei aber aufgemuntert: Globales und individuelles Verhalten gehen auseinander hervor und wirken auf sich wechselseitig. Einige wählen denn auch für ihre jetzt erforderlichen Verhal-

Bodenpflege, das A und O des Gärtnerns

tensänderungen den ganzen Rahmen. Sie wollen Schöpfung bewahren. Andere bleiben auf dem Planeten und kramen Kant aus der Kiste: „Handle nur nach derjenigen Maxime, durch die Du zugleich wollen kannst, dass sie ein allgemeines Gesetz werde." Wieder andere bleiben in der Familie und begründen ihr Tun und Lassen damit, sie hätten ihren Flecken (Garten)Erde nur von ihren Kindern und Enkeln geliehen. All dem gemeinsam ist: Tue, damit Dein Wollen in der Welt ist. Tust Du es nicht, ist es das nicht.

NACHHALTIGKEIT MESSEN

Nichts ist für eine wertvolle Idee tödlicher, als zu einem inhaltsleeren Schlagwort zu verkommen. Mit dem Wort „Nachhaltigkeit", droht das gerade zu passieren. Denn häufig behaupten Unternehmen, Institutionen oder Menschen, nachhaltig zu handeln, wenn sie zum Beispiel etwas für die Bienen oder den Erhalt von irgendwas tun. Eine kleine Tat mag dann ihren Sinn haben, muss aber deswegen noch nicht zwingend und zugleich auch zukunftssichernd im eigentlichen Sinne sein. Wirtschaftliches Handeln etwa sichert durchaus die Zukunft eines Unternehmens, einer Person, einer Idee, einer Gemeinschaft. Rein gewinnmaximierendes Wirtschaften allerdings ist nicht zwingend zukunftsorientiert, sprich: nachhaltig. Denn damit sind dann häufig übermäßiger Ressourcenverbrauch oder billigste Angebotspreise verbunden. Nett für den Verbraucher, aber schlecht für diejenigen, die dazu in der Wertschöpfungskette mit Billiglöhnen abgespeist wurden.

IM EIGENEN GARTEN BEGINNEN

Die Vereinten Nationen haben u.a. eine Biodiversitätskonvention eingerichtet (Convention on Biodiversity, CBD), deren Vertragsparteien bereits 15-mal konferiert haben. Der jüngste Weltnaturgipfel (COP15) fand mit rund 200 teilnehmenden Staaten 2022 in Montreal statt. Dort wurde das Kumming-Montreal-Abkommen unterzeichnet, das eine menschheitsumfassende Vision zur Biodiversität mit dem Zieljahr 2050 formuliert. Zum Beispiel die weltweit nachhaltige Bewirtschaftung der Natur, ganz ohne Raubbau. Schon für 2030 aber nennt das Abkommen 23 konkrete Kurzzeitziele. Zu den bekanntesten zählt das so genannte „30/30-Ziel": Bis 2030 soll rund ein Drittel der Land- und Meeresfläche als Biodiversitäts-Schutzflächen ausgewiesen sein. 2030 ist sehr bald. Quasi übermorgen. Weil die Zeit drängt.

UND JETZT DU

Bedeutet für Deinen Garten was? Zum einen Deine Entscheidung, was Du konkret umsetzen kannst und magst. Zum anderen die Erleichterung, jederzeit schnell, einfach und zielgerichtet selber beginnen zu können. Denn wie wäre es, 30 % Deines Gartens mithilfe konkreter Maßnahmen in eine biodiversitätsreichere Fläche zu transformieren? Bis spätestens 2030. Traue Dich, zu tun. Traue Dich, anzufangen. Es liegt an Dir. Aber Du stehst mit Deinem Engagement eben auch nicht allein da.

Nachhaltigkeit will Vielfalt fördern.

DIE 6 R'S DER NACHHALTIGKEIT

Das 6R-Prinzip der Nachhaltigkeit bietet Dir einen Rahmen für einen nachhaltigeren Lebensstil. Es trägt dazu bei, die Ressourcen zu schonen und Umweltbelastungen zu verringern, und ermöglicht Dir ganz persönlich – auch im eigenen Garten – Gutes für den Planeten zu tun. Anhand der Symbole siehst Du schnell und einfach bei jedem Thema im Buch, welche der 6Rs Du gut umsetzen kannst.

Rethink – Umdenken.
Was brauche ich wirklich?
Überdenke tägliche Entscheidungen im Leben neu! Nimm Deine Konsumgewohnheiten besser wahr, um die Auswirkungen auf die Umwelt zu begrenzen und die natürlichen Ressourcen zu schonen, nutze z. B. Regionalität und Saisonalität von Obst und Gemüse anstelle von Import von Tomaten oder Erdbeeren im Winter aus südlichen Ländern.

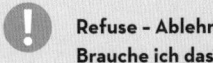

Refuse – Ablehnen.
Brauche ich das?
Unnötige Dinge ablehnen! Unnötige Einkäufe vermeiden, um weniger Müll zu produzieren und Ressourcen zu schonen. Bewusst für umweltfreundliche Produkte und Verpackungen entscheiden.

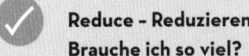

Reduce – Reduzieren.
Brauche ich so viel?
Überlege, was Du tatsächlich brauchst und wo Du Deinen Verbrauch einschränken kannst. Indem Du Deinen Verbrauch bewusst reduzierst, schonst Du Ressourcen wie Energie und Wasser und produzierst weniger Abfall.

Reuse – Wiederverwenden.
Gibt es das schon?
Es gibt viele Dinge aus unserem Leben, die weiter verwendet werden können. Achte beim Kauf auf plastikfreie Alternativen und nutze Produkte, die eine lange Lebenszeit haben, und danach möglicherweise abgecycelt werden können.

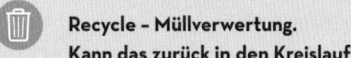

Recycle – Müllverwertung.
Kann das zurück in den Kreislauf?
Verwende Materialien, die später sortenrein trennbar und in nachfolgenden Herstellungsprozessen wiederverwendbar sind.

Repair – Reparieren.
Lässt sich das wieder instandsetzen?
Prüfe, ob ein kaputter Gegenstand wieder repariert werden kann. Gehe sorgsam mit Gegenständen um und pflege sie, um sie in einer langen Lebensdauer zu unterstützen.

Nachhaltige Gartenarbeiten

Dein Garten, Du selbst, Euer beider gemeinsame Zukunft — darum geht es: alles miteinander so in Einklang zu bringen, dass es nicht nur heute sondern auch morgen noch funktioniert. Das wirft Fragen auf: Was mache ich wie, warum und mit welchen Skills und Tools und Entscheidungen? Dieses Kapitel führt Dich an sie heran.

Umgraben – oder besser nicht?

Was ist für den gesunden Gartenboden langfristig besser?
Am Umgraben scheiden sich die Geister: Zerstört das Wenden der Scholle
nicht die mühsam aufgebaute lebendige Bodenstruktur?

Essentials

SCHONUNG VON BODEN-LEBEWESEN mit dem Sauzahn oder der Grabegabel

UMGRABEN BEI SCHWEREN BÖDEN sinnvoll, Spaten am effektivsten

BEI LEICHTEN BÖDEN reicht Bodenlockerung durch Sauzahn, Spork oder Grabegabel

Der Spaten wendet die Scholle.

Der Sauzahn reißt den Boden tief auf.

IST UMGRABEN NOCH ZEITGEMÄSS?

Gartenboden lockern, Gartenabfälle darin einarbeiten, Beetflächen von Pflanzenresten und Unkräutern reinigen – kurzum: Fläche „sauber" zu bekommen, das alles geht schnell und einfach, wenn man den Beetboden mithilfe von Spaten oder Spork umgräbt. Kritiker monieren, dass dabei die Bodenfauna durcheinandergebracht werde: Die obere gerate dabei in den Boden, die untere an die Oberfläche. So müsse sich das Mikroleben im Boden immer wieder aufs Neue passend sortieren. Zudem würden dabei Bodenlebewesen, wie Regenwürmer, getötet.

DIE ALTERNATIVE

Kritiker des Umgrabens favorisieren eine andere Methode: das tiefgründige Lockern des Beetbodens mithilfe des Sauzahns. Dabei wird dessen Einzelzinken tief durch den Boden gezogen, was ihn aufbricht, lockert und belüftet. Ganz ohne ihn horizontal durcheinanderzubringen. Organi-

NACHHALTIGE GARTENARBEITEN

Stark durchwurzelter, dichter, steiniger Gartenboden? Hier kommt der Spork mit seiner scharfkantigen Zahnreihe zum Einsatz – die clevere Kombination von Spaten (spade) und Grabegabel (fork).

scher Dünger wird auch anders eingebracht, nämlich oberflächig mit Grubber oder Kultivator. Regenwürmer & Co werden hierbei mehr geschont, als beim Arbeiten mit dem Spaten.

ENTSCHEIDUNGSHILFE

Umgraben mit Spaten oder Spork oder lieber eine Bodenlockerung mit dem Sauzahn – beides hat seine Vor- und Nachteile.
Die Sache ist die: Je nach Deiner Bodenqualität kann es sinnvoll sein, ihn zu verbessern. Dann trägt regelmäßiges Umgraben im Laufe weniger Jahre dazu bei, den Boden feinkrümeliger zu bekommen. Pflanzen wachsen dann umso besser darin, weil sich Wasser, Luft und Dünger besser verteilen. Beim Umgraben hast Du die Möglichkeit, in kurzer Zeit reichlich organisches Material wie Pflanzenreste, Mist oder Kompost in die oberen 30 Bodenzentimeter einzubringen und den Boden so rasch mit Humus anzureichern. Was auch seine Speicherfähigkeit für Wasser verbessert. Übrigens: Die Grundstruktur sehr lehmiger Böden verbesserst Du mit zusätzlich reichlich Sand, die von sehr sandigen Böden mit zusätzlich eingearbeitetem Lehm. Ist der Boden später „beetreif", dann mag es ausreichen, ihn ab da hauptsächlich mit dem Sauzahn zu bearbeiten. Ist der aus Kupfer, so bedenke, dass er davon an den Boden abgibt. Das kann düngen (Mikronährstoff), aber bei zu hoher Menge Schwermetall in den Boden eintragen.

FÜR LEBENSRETTER

Du hast Dich dazu entschieden, Gartenflächen umzugraben? Dann kann Deine Alternative zum Spaten eine Grabegabel sein. Denn mit dem Spatenblatt erwischst Du beim Umgraben mehr Bodentiere, wie Regenwürmer und Tausendfüßler, als mit den Zinken einer Grabegabel. Die schont also Regenwürmer & Co in Deinem Gartenboden. Sie ist aber andererseits auf sehr leichten, sandigen Böden nicht sinnvoll einzusetzen, weil Dir dort die Erde zwischen den Zinken hindurch rieselt.

Gehölzschnitt: nützlich oder unnatürlich?

Muss man Gartengehölze schneiden? Eigentlich doch nicht, denn in der Natur schneidet sie ja auch niemand. Aber: der Garten ist eben Garten. Und dort geht es, bei aller Natürlichkeit, um mehr als ausschließlich Natur.

Essentials

ENTFERNE AUS DEM GEHÖLZ abgestorbenes oder offensichtlich krankes Holz.

NIMM ÄSTE UND ZWEIGE HERAUS, die sich kreuzen, die aneinander scheuern oder die nach innen in die Pflanze hineinwachsen.

REDUZIERE DIE GRÖSSE eines Gehölzes stets rundherum gleichmäßig.

ERHALTE UND BETONE mit einem Rückschnitt die natürliche Wuchsform der Pflanze.

AUF KRÄFTIGEN RÜCKSCHNITT ERFOLGT kräftiger Austrieb, auf schwachen Rückschnitt schwacher Austrieb

NATÜRLICH, WACHSEN LASSEN?

Dornröschengärten sind romantisch? Also Kletterrosen einfach mal einhundert Jahre lang wachsen lassen? Damit sind wir aber auch schon mitten im Märchen, denn Garten ist nicht allein Natur, sondern vorrangig Kultur. Bedeutet: Im Garten gestaltet der Mensch sich Natur nach seinen Bedürfnissen.

Kletterrosen sind Spreizklimmer, so z.B. Brombeere, Wildrose und Winterjasmin. Sie legen lange Triebe vor, aus denen weitere in hohem Bogen abzweigen. So legen sie sich in und über andere Pflanzen oder in irgendwelche Nischen und spreizen sich in die Höhe. In der Natur entstehen dabei undurchdringliche Dickichte, die u.a. Tieren Deckung oder Nistplätze bieten. Insgesamt also Natürlichkeit als Nutzen!

In größeren Parks ist es möglich, dieses Wuchsverhalten gestalterisch einzubinden, als „Kletterkunst". Im Hausgarten hingegen steht dem eine andere Nutzenerwartung entgegen, wie reichhaltige Brombeerernte und üppiger Rosenflor. Beides fördert jeweils der gezielte Pflanzenschnitt. Gärtner haben verstanden, wie Pflanzenarten wach-

Ziel: natürliche Anmutung der Pflanzen

NACHHALTIGE GARTENARBEITEN

Rückschnitt der Pflanzen fördert den Neuaustrieb, verjüngt sie gleichsam und beugt damit ihrer Vergreisung vor. So bleiben sie Garten wie Gärtner länger erhalten, samt dem Ertrag durch sie.

Obstbaumschnitt: zwingende Pflegeroutine

sen, und lenken dieses Wachstum gezielt. Indem sie entfernen, was ihrem Ziel hinderlich ist, und fördern, was ihm nützt.

WO RÜCKSCHNITT IM GARTEN NÜTZLICH IST!

Beim so genannten natürlichen Pflanzenschnitt verwendet man genau dieses Prinzip. Unnatürlicher Pflanzenschnitt, wie das einfache „abrasieren" von Zweigen, um das Wachstum einer Pflanze in die Höhe zu reduzieren, zeugt von gärtnerischem Unverstand. Formschnitt zu Hecken, Kugel- oder Pyramidenformen sowie Formschnitt von z.B. Hainbuchen, Eiben, Linden, Platanen und Buchs hingegen ist ebenfalls ein unnatürlicher Pflanzenschnitt. Er ist aber insoweit zielführend, als dass er der ästhetischen Gartengestaltung in ihrem stilistischen Kontext, z.B. eines Bauern- oder Japanischen Gartens, dient. Pflanzenschnitt ist auch dort nützlich, wo mit seiner Hilfe besserer Ertrag angesteuert wird, z.B. bessere Obstqualität (weniger, größere Früchte) und gesündere Pflanzen (weniger Pilzbefall durch bessere Durchlüftung, nicht „spritzen" müssen). Blühwilligkeit und Blütenqualität vieler Gartenpflanzen lassen nach, wo sie unbeschnitten bleiben, z.B. Forsythie und Hortensie.

NATÜRLICHKEIT ABLESEN

Natürlichen Gehölzschnitt erlernt man am besten mithilfe der Anleitung durch erfahrene Gärtner. Ein bisschen lässt er sich aber bereits an der Pflanze selbst ablesen. Forsythie, Hasel, Holunder, Johannisbeere, Pfeifenstrauch z.B. – sie alle haben gemeinsam, dass sie sich durch zahlreiche bodenbürtige Neutriebe verjüngen. Sie hält man also lange vital, indem man ältere Zweige alle paar Jahre einkürzt oder ganz entfernt und von den jüngeren nur die kräftigsten am Strauch belässt.

Auf dem Rasen weiterrasen?

Der Rasen im Garten hat tatsächlich etwas mit Bewegungsfreiheit und Entfaltungsmöglichkeit zu tun, als gleichsam kleine erfrischende Alltagsflucht.

Rasenmähen – für viele eine Entspannungsübung auf grünem Teppich. Am besten mit welchem Equipment?

Essentials

BESSER HÄUFIGER ein wenig abmähen, als seltener viel - oder dann zu kurz

RASENHALME immer nur um ein Drittel einkürzen

LEISE AKKUMÄHER bevorzugen

IN HEISSEN SOMMERWOCHEN angepasst reduzierter mähen

FOLLOW YOUR FLOW

Manche Gartenarbeit bleibt schlichtweg liegen, weil man nicht dazu kommt, sie anzugehen. Irgendetwas anderes hat allzu leicht Vorrang – irgendwas ist immer. Im anstrengenden Wechselspiel zwischen persönlichen, familiären, beruflichen Aufgaben, und ggf. auch noch dem ehrenamtlichen Engagement in Vereinen, Verbänden, Kirchen oder Politik, kommt Stress auf. Der Tag hat nur 24 Stunden. Viele weichen inzwischen auf Arbeit nach Feierabend oder am Wochenende aus, um ihr Pensum zu schaffen. Befeuert wird all das noch durch die „elektronische Fußfessel", das Smartphone. Wer kennt es nicht, dieses „lasst mich doch alle einfach mal in Ruhe!"-Gefühl.

Hier kommt nun der Rasen ins Spiel. Der muss zwischen Anfang April und Ende Oktober etwa wöchentlich gemäht werden,

NACHHALTIGE GARTENARBEITEN

RUHE, BITTE

Dass leise Akkumäher heute zum guten Ton des Gartenbesitzers gegenüber seiner Nachbarschaft gehören, hat sich längst herumgesprochen. Speziell dort, wo eigene Solarpaneele zur Stromerzeugung genutzt werden. Sie arbeiten ähnlich leise wie Mäher mit herkömmlichem, kabelgebundenem Elektromotor, sind ohne das aber komfortabler zu nutzen. Akkumäher sind im Betrieb etwa 70 bis unter 80 dB/A laut, moderne Verbrenner etwa 80 bis unter 90 dB/A. Ältere „Stinker" liegen häufig noch locker darüber.

je nach Nährstoffversorgung und „Wuchswetter", also Temperatur und Bodenfeuchte. Das kann man als Knochenjob ansehen – oder aber als eine Zeit, die Dir selbst gehört. Dir allein. Wer seinen Rasen mäht, sollte das gemächlich tun. Mithilfe dieser gleichförmigen, reizarmen und nahezu schon langweiligen Tätigkeit tritt man von der „gelenkten Aufmerksamkeit" des Alltags in einen Flow, den Psychologen als „ungelenkte Aufmerksamkeit" bezeichnen (siehe Seite 92). Man kommt zur Ruhe und es steigen Erholungspotentiale, wie lang gesuchte Problemlösungen oder neue Ideen wie von selbst aus der Tiefe des Ichs empor. Funktioniert definitiv beim Rasenschneiden, aber auch bei anderen andauernden, scheinbar „stupiden" Gartenarbeiten, wie Fegen, Hacken, Harken, Umgraben.

GEWUSST WIE – RICHTIG MÄHEN

Grundsätzlich gilt: Kürze die Grashalme Deines Rasens besser häufiger nur ein wenig ein, als seltener, um sie dann jedoch kurzzumähen. Das stresst nämlich die Grasnarbe. Es gilt daher die Faustregel: Bei jedem Mähgang sollte der Halm jeweils nur um ein Drittel eingekürzt werden. Zierrasen schneidet man auf ca. 3 cm Höhe zurück, Gebrauchsrasen (auch „Sport- und Spielrasen" genannt) auf etwa 3–5 cm. Rasen in beschatteten Lagen muss mit 5–6 cm etwas länger gehalten werden. Auch bei großer Hitze lass den Halm etwas länger, das erhält unter Trockenheitsstress seine Vitalität besser. Bloß nicht: Rasen bei Hitze bis tief auf die Grasnarbe zurückschneiden!
Kürze also Zierrasen ab 4,5 cm Halmlänge, Gebrauchsrasen ab 4,5–7,5 cm, beschatteten Rasen ab 7,5–9 cm Halmlänge ein. Das sind Anhaltswerte. Du musst nicht nachmessen! Es geht darum: Sind die Halme deutlich länger und dann womöglich noch nass, tust Du Dich mit dem Mähen erheblich schwerer. Dann kann es sogar erforderlich sein, in zwei Mähgängen mit zunächst größerer, dann kleinerer Schnitthöhe zu mähen.

MÄHTAG IST WANDERTAG

Wer einen 100 m²-Rasen mit einem Mäher mit 30 cm Schnittbreite mäht, läuft dabei 333 Meter. Bei 400 m² und einem 40 cm-Mäher ist es 1 km, bei 1.000 m² und einem 52 cm-Mäher sind es knapp 2 km. Es gibt also „Beweg"gründe, die Anschaffung eines Mährobotors möglicherweise hinauszuzögern.

In Wohngebieten ist Rasenmähen an Werktagen von 7 bis 20 Uhr erlaubt, bei Einhaltung der Mittagsruhe von 13 bis 15 Uhr. Hat ein Mäher das EU-Umweltzeichen („Euroblume"), darf mittags gemäht werden.

Rasen oder besser Wiese?

Wenn Natur sich selbst gestaltet, der Garten hingegen Kulturraum ist – ist die scheinbare Natürlichkeit einer „Blühwiese" dort dann nicht fehl am Platz?

WER KANN MIT WEM IM GARTEN?

Gleich vorweg: nein, ist sie nicht. Die Blütenwiese kann im Garten durchaus eine sinnvolle Flächennutzung und ein hochwertiges gestalterisches Element sein: überall dort, wo die bunt blühende Grünfläche zum Optischen und zum Nutzungskonzept passt.

Im akkuraten Garten mit seiner geraden Linienführung, mit Cortenstahl-Rasenkanten und Granitpflaster, ist üblicherweise die wildkrautfreie Zierrasenfläche daheim. Hier kann die kunterbunte Blütenwiese bestenfalls einen gewollten Kontrast gestalten. Der makellose Englische Rasen, andererseits, würde im Naturgarten nicht einmal als Kontrast taugen.

WIESEN, WIE RASEN EIN KULTURGUT

Dass Gräser und zweikeimblättrige Blütenpflanzen flächendeckend beieinander wachsen, findet sich bei weitestgehend natürlich gebildeten Wiesenformen, wie dem Trockenrasen am steinigen Hang, der Feuchtwiese in der nassen Niederung oder bei teils überfluteten Salzwiesen am

Blumenwiesen sind herrliche Hingucker und Speisekammern für allerlei Getier.

Essentials

WIESEN KÖNNEN SINNVOLLE und hochwertige Elemente im Garten sein.

RASEN IST ZUM BEGEHEN zweckmäßiger als Wiese.

WIESEN BIETEN NAHRUNG und Überwinterungsquartier für Gartentiere und Insekten.

RASEN IST ARBEITSINTENSIV, er muss etwa 15-mal im Jahr gemäht werden.

WIESEN MÜSSEN ein- bis zweimal im Jahr gemäht werden.

NACHHALTIGE GARTENARBEITEN

Tolle Rasenalternative mit Rasenkamille

Meeressaum. Andere Wiesentypen, wie Magerrasen, Fettwiese oder gar Blumenwiese hingegen, sind landwirtschaftlich geprägt entstanden. Bei aller natürlichen Anmutung sind Blumenwiesen, wie Rasen, folglich Kulturgut.

WIESEN – KAUM BEGEHBAR

Der Zweck beschreibt die Nützlichkeit. Nutzen von Blumenwiese und Rasen definieren sich aber jeweils unterschiedlich. Rasen ist besser begehbar. Soll also eine Fläche häufig begangen werden, ist hier ein Rasen zweckmäßiger. Wähle wahlweise so genannte Rasenersatzpflanzen: flach wachsende Stauden, die recht trittfest sind und die Du gelegentlich betreten kannst.

Kann sich entgegen all dem auf der Fläche eine Blumenwiese ein- oder mehrjährig zu voller Pracht und Höhe (bis z. B. 70 cm) entwickeln, kann diese Rasen ersetzen. Wählst Du die Blumenwiese im Garten als eine Alternative zum Rasen, dann beachte, dass auch die gemäht sein will, damit sie eine bleibt und nicht verbuscht. So z.B., wenn sich Weidensamen hinein schummeln, keimen und die krautigen Pflanzen zu überwuchern beginnen.

WIESENPFLEGE

Garten„wiesen" mähe weit nach der Samenbildung, damit die Körnerfresser unter den Gartenvögeln etwas zu beißen haben und sich die Pflanzen zudem für ihre nächste Generation aussäen. Am besten noch belässt Du die Samenstände und hohlen Stängel als Überwinterungsquartiere für Insekten. Anders als auf Rasenflächen finden Gartenvögel dann über die nahrungsarme Zeit noch das eine oder andere krabbelnde oder überwinternde Fressopfer. Etwa Anfang April wird die Gartenwiese gemäht, das Mähgut entfernt. Lege es etwas abseits, damit die noch letzten darin überwinternden Insekten ausfliegen können. Später dann, kompostiere die Pflanzenreste.

Im direkten Vergleich des Arbeitsaufwandes beider Begrünungsvarianten schlussendlich, sind Rasenflächen arbeitsintensiver als Gartenwiesenflächen. Von Mitte April bis Mitte Oktober werden sie etwa 15-mal gemäht, die Blütenwiesenfläche ein- bis zweimal im Jahr.

Du stehst auf begehbare Rasen-Ersatzpflanzen? Wie wäre es mit Rasen- oder Duftkamille?

Einkaufen: wie und wo am nachhaltigsten?

Von Pflanze bis Gartenausstattung, es gibt eine verlockende Vielfalt an Möglichkeiten, sie einzukaufen. Wo genau, ist doch egal? Nicht ganz!

Essentials

ENTSCHEIDE DICH grundsätzlich für den nachhaltigeren Artikel.

BEIM ONLINE-KAUF kannst Du Zeit für den Warentransport sparen.

EINKAUF VOR ORT unterstützt die regionale Infrastruktur.

FAIRE PREISE bedeuten Wert-Schätzung.

Digital Shopping: Klick mit Konsequenzen

NACHHALTIGE WARE FIRST

Oh nee – jetzt auch noch hinfahren!? Wieder eine Stunde Zeit verbraten! Die Alternative: Schnell noch ein letzter Klick auf „Bestätigen" und schon ist da dieses erleichternde Gefühl, sich nicht mehr kümmern zu müssen. Wird ja jetzt geliefert, Statusmeldungen zur Auslieferung inklusive.

Stationär oder online kaufen, einfach nur zwei Pole? Tatsächlich ist es etwas komplizierter. Pflanzen in gartenüblicher Größe und alle wichtigen Gartenartikel gibt es stationär und online. Wo also einkaufen? Welche Einkaufsentscheidung ist die nachhaltigere?

Grundsätzlich gilt: bevorzugt den an sich bereits nachhaltigen Artikel. Denn für den nicht nachhaltigen, ist der Beschaffungsweg dann eh wurst.

Die Wahl zwischen einkaufen und bestellen ist Abwägungssache. Denn irgendwie muss ja die Ware zur Zieladresse gelangen. Entweder man trägt den Aufwand von Zeit und Transport selbst. Oder lässt das andere machen.

WAS, WENN DIE ZUKUNFT ...

Retouren, Packaging, CO_2-Ausstoß – nur einige Pain-Points des Online-Einkaufs. Vorteil des Einkaufs vor Ort ist der Erhalt der regionalen Infrastruktur. Das ist kein Almosen an die lokalen Einzelhändler und Gärtner, sondern ein Leistungsabruf dessen, was sie Dir bereitstellen. Die Verzahnung mit ihnen zu einem regionalen Handel-Kunden-Netzwerk, das Infrastruktur erhält. Denn die entscheidet über Lebensqualität vor Ort. Und die wiederum koppelt zurück auf die Regionalentwicklung. Um es nicht zu hoch aufzuhängen: Diese gegenseitigen Wechselwirkungen bestehen, grundsätzlich. Ob Du die eine oder andere Ware online oder stationär beim

Gärtner kaufst, macht im Einzelfall betrachtet, das Kraut wohl nicht fett. In der Summe aller Einkäufe aber entscheidet es über die Verfügbarkeit vom Einzelhandel vor Ort, von Gärtnereien in der Region — auch in den anstehenden Jahren, in denen Du und andere dort leben. Dezentrale Beschaffungsstrukturen sind ganz sicher resilienter und damit zukunftssicherer, als zentralistische.

WER BIST DU?

Am Ende ist es wohl auch die Entscheidung, welcher Konsumententyp Du bist: Bist Du eher derjenige, der Ware, Dienstleistungen und den Menschen dahinter Wertschätzung in Form fairer Preise zubilligt? Leben und leben lassen? Oder bist Du eher derjenige, der viel für billig haben will? Einer zahlt immer die Zeche. Deine Entscheidung, wer.

DAS MITEINANDER

Von Kleingartenverein bis Kindergarten: Spendenanfragen an Unternehmen in der Region sind alljährlicher Bestandteil des gesellschaftlichen Miteinanders. Funktioniert aber nur, wenn Kunden mit dazu beitragen, dass Unternehmen, die man anfragen könnte, sich wirtschaftlich halten können. Oder hast Du schon mal bei Amazon in Irland gecheckt, ob die Dein Sportvereinsfest im Ort mit Bannerwerbung oder Geldspende unterstützen möchten?

Einkaufserlebnis in Deiner Region: das ist Stöbern, Staunen und aus dem Vollen schöpfen.

Ob Stauden, Kräuter oder Gemüse: Wahre Fundgruben für Pflanzenfreaks sind spezialisierte Gärtnereien.

Hacken & Grubbern: belohnt der Boden den Aufwand?

Die Hacke ist mit das wichtigste Gärtnertool. Allzu voreilig ist mit ihr die Assoziation „mühsam" verbunden. Mit dem, was die Hacke aber tatsächlich leistet, betrachte sie vielmehr als „Gold wert".

Essentials

HACKEN LOCKERT den Boden und mengt organische Masse als spätere Nährstoffe unter.

NACH REGENGÜSSEN den Boden hacken, um weniger gießen zu müssen

HACKEN MACHT DAS GROS DER UNKRÄUTER unschädlich und recycelt sie an Ort und Stelle.

HACKEN BELÜFTET Boden und Wurzeln

SAG JA ZUR HACKE!

Du hast gerade Lust auf Entspannung im Grünen? Dann schwinge in Deinem Garten die Hacke! Vordergründig magst Du jetzt an Anstrengung statt Entspannung denken – faktisch ist da jedoch so sehr viel mehr. Und das hier sind die Benefits: Je nach Werkzeug – Hacke oder Grubber – bearbeitest Du Deinen Beetboden mit unterschiedlicher Intention und Arbeitstiefe, aber nach demselben Prinzip. Immer geht es darum, die obersten ca. 2–5 cm Boden aufzubrechen. Dabei förderst Du mehrere Dinge gleichzeitig. Das nachhaltige daran? Ganz einfach: Ein wüchsiger Gartenboden passiert nicht von selbst. Um ihn erst einmal dahin zu bekommen und ihn dann für die Zukunft über viele Jahre so zu erhalten, ist umfassende Bodenpflege zwingend, vom Bodenverbessern und Lockern bis hin zum Bewässern und Nahrungsnachschub für Pflanzen und Bodenflora, sprich: Düngen. Aber der Reihe nach.

Grubber im Einsatz

EINMAL SÄUBERN, LOCKERN UND BEFEUCHTEN, BITTE

Mit Grubber oder Hacke krümelst Du die Bodenoberfläche. Das durchwühlt und lockert sie, mengt Kompost und andere Pflanzenreste als Nährstoffe für Pflanzen, Bodenbakterien & Co unter und belüftet

NACHHALTIGE GARTENARBEITEN

LUFT

Pflanzen atmen. So benötigen eben nicht nur Bodenflora und -fauna Sauerstoff, sondern auch Pflanzenwurzeln. Der Gasaustausch im Boden erfolgt über die Bodenporen, ein Kanalsystem zwischen den Körnungen von Sand, Lehm und Co. Dieses System führt zugleich auch Wasser, weswegen Belüftung und Bewässerung bisweilen in Konkurrenz zueinander stehen. So z. B. bei Staunässe, wodurch zu wenig Atemluft an die Wurzeln gelangt und sie deswegen absterben und faulen.

PLATZ DA, FÜR DIE PRIO-PFLANZEN

Im Beet haben die dort gesäten und gepflanzten Kulturpflanzen Vorrang. Weil Garten per se stets Kultur- und nicht Naturfläche ist. Konkurrenzpflanzen wie Unkraut haben dabei das Nachsehen. Mit dem scharfen Stahlblatt einer Hacke (z. B. Bügelzughacke oder Schuffelhacke) trennst Du Samenunkraut, wie Vogelmiere, vor dem Blühen bzw. der Samenbildung von seinen Wurzeln ab, so dass es dann eingeht.

Willst Du mit dem Hacken gezielt Unkraut entfernen, mach das an sonnig-warmen bis heißen Tagen. Dann stirbt abgehacktes Unkraut binnen Stunden, wird strohtrocken, zerkrümelt und wird mit dem folgenden Bodenpflege-Hacken gleich wieder in den Boden eingearbeitet. Hackst Du Unkraut bei feuchtem Wetter, harke es danach aus dem Beet. Es könnte sonst wieder anwachsen.

Bügelzughacke gegen Begleitflora

Schuffelhacken sind praktisch.

das Ganze obendrein. Bodenmineralien und Humusstoffe vermengen sich nach dem Grubbern oder Hacken zu einer feinkrümeligen Struktur, Bodengare genannt. Allein schon solch krümeliger Gartenboden ist erstrebenswert. Weil er sich leichter bearbeiten lässt und weil Pflanzen in ihm leichter wurzeln und wachsen. Wusstest Du aber, dass Grubbern und Hacken für weniger Gießaufwand steht? Gerade in trockeneren Wetterphasen ein Gewinn. Nicht, dass die Pflanzen nach dem Hacken weniger Wasser benötigen. Grubbern und Hacken sorgen lediglich dafür, dass der Transpirationssog aus dem Boden heraus gestört und verlangsamt wird. So verbleibt Wasser länger im Boden, wo es Pflanzen also besser zur Verfügung steht. Mach es Dir daher zur Gewohnheit, nach ergiebigem Regen oder Gießen stets den Boden zu hacken oder zu grubbern.

Einmal Hacken ersetzt dreimal Gießen, lautet eine Gärtnerweisheit.

Mutmacher: Je ungepflegter der Boden anfangs ist, desto anstrengender ist zunächst das Hacken. Durch häufigeres Hacken wird der Boden aber immer geschmeidiger und das Hacken dann wieder mehr und mehr zum Klacks.

Düngen — was ist das richtige Maß?

„Das wächst doch von allein", sagen vermeintliche Verfechter von Natürlichkeit im Garten. „Das tut's bei mir nicht", klagen Menschen, die von sich behaupten, keinen grünen Daumen zu haben. Wahre Pflanzenversteher sind beide nicht.

KÖNNEN PFLANZEN SICH SELBST VERSORGEN?

Wer die „von alleine"-Theorie vertritt, verkennt, dass sie funktioniert, aber an Bedingungen geknüpft ist. An die Bedingung eines natürlichen Recyclingkreislaufs: Pflanze verliert Laub und andere Pflanzenteile, diese verrotten in komplizierten Prozessen im Boden und geben ihre Baustoffe als Nährstoffe frei. Aus denen bauen Pflanzen Laub und andere Pflanzenteile. Kommt noch ein Tier hinzu und spendiert mit seinen Exkrementen oder seinem verwesenden Körper zusätzliche Nährstoffe, umso nahrhafter für die Pflanze. Auch die Mineralität des Bodens selbst, spendiert der Pflanze wichtige Bausteine. Fehlt indes Nährstoffeintrag, wird's eng für die Pflanze. Ganz eng sogar.

DIE PFLANZE MELDET SICH

Die Üppigkeit des Pflanzenwachstums richtet sich nach demjenigen Nährstoff-

Erbsen sammeln Luftstickstoff.

baustein, der am wenigsten vorhanden ist. Tomaten etwa zeigen mit ihrem grünen Schulterkragen auf der Frucht: Ich habe zu wenig Kalium. Das fahl grüngelbe Laub einer sonst sattgrünen Pflanze jammert darüber, dass ihr Stickstoff fehlt. Magenta angehauchte Blätter betteln um Phosphat. Und dann haben wir noch das Wechselspiel im Boden. Ist der zu kalkreich, hält er Eisen fest. Den Eisenmangel verraten gelbe Blätter mit grünen Blattadern.

Die Natürlichkeit der Pflanzenversorgung funktioniert da, wo sie funktioniert. Weil aber der Garten nicht Natur sondern Kulturfläche ist, füttert der Gärtner seine Pflanzen erforderlichenfalls.

OUTPUT, INPUT

Ernte aus dem Garten heißt immer Nährstoffentzug. Was man aus den Beeten erntet, kann die Pflanze später nicht wieder selbst verzehren. Was immer Du also dem Beet entnimmst, ob als Ernte oder beim Aufräumen (wie Laub, Staudenreste, Grasschnitt, Gehölzschnitt), muss irgendwie zurück in den Boden. Zum Beispiel als Kompost. Wer Grüngut tonnenweise vom

Grundstück entsorgt, macht seine Böden langfristig nährstoffärmer und seine Pflanzen hungrig. Unklug, weil es langfristig nicht nachhält.

UND WIE DANN DÜNGEN?

Ausgewogen! Denn zu viel soll es auch nicht sein. Grob gilt: Was stärker wächst, braucht mehr Futter. So unterscheidet man bei Pflanzen grundsätzlich Schwachzehrer (wie Salat, Radieschen, Bohnen), Mittelzehrer (wie Möhren, Zwiebeln, Zucchini) und Starkzehrer (wie Tomaten, Kohl, Kürbis). Letzteren gibt man etwa einen, Mittelzehrern zwei und Starkzehrern drei Liter Kompost pro Quadratmeter und Jahr. Mineraldüngung ist nicht grundsätzlich verwerflich. Allerdings gilt: zunächst immer organisch düngen (Kompost, Mist etc.), dann erforderlichenfalls mineralisch etwas nachdüngen. Ohne organische Düngung nämlich kein Bodenleben. Ohne Bodenleben kein pflanzentauglicher Beetboden. Eine Bodenanalyse ermittelt genau, was der Boden schon hat und was er noch braucht.

Manche Pflanzen sind da sehr clever: Sie nehmen Bakterien (Bild) als Untermieter in den Wurzeln auf, die sie mit umgeleitetem Luftstickstoff füttern (Leguminosen), andere fangen proteinreiche, sprich: stickstoffreiche Insekten (fleischfressende Pflanzen).

Essentials

WER DURCH ERNTE PFLANZEN aus dem Garten entnimmt, muss Nährstoffe ggf. zufügen

PFLANZEN ZEIGEN anhand von Wachstum und Wuchs, Blättern, Blüten und Früchten sowohl Nährstoffmangel als auch -überschuss an.

DIE NÄHRSTOFFAUFNAHME hängt vom pH-Wert mit ab, für die meisten Gartenpflanzen ideal ist pH 5,5 bis 6,5.

ES GIBT PFLANZEN mit mehr oder weniger Nährstoffbedarf: Schwach-, Mittel- und Starkzehrer

Himbeerblatt zeigt Eisenmangel

Ohne Pflanzenfüttern kein Ertrag

Gartenordnung: sinnvoll oder spießig?

Die Anmutung eines Gartens mit natürlichem Flair lebt von seinen heimlichen Ecken und wilden Winkeln. Und natürlich vom Besuch tierischer Gäste. Aber ist das in einem aufgeräumten Garten möglich?

Essentials

WENN ORDNUNG DAS HALBE LEBEN IST, wie das Sprichwort sagt, ist Beweglichkeit die andere Hälfte.

ORDNUNG BEZIEHT IMMER ihren Zweck mit ein, sonst kann selbst Ordnung unordentlich sein.

SCHAU ZWEIMAL HIN, bevor Du voreilig ordentlich bist. Denn scheinbar Unordentliches, wie Vagabundenpflanzen und gelebte Biodiversität, kann durchaus positiv auf die Ordnung Deines Gartens wirken.

UNTERWEGS IN DIE ZUKUNFT

Die Welt ist ständig in Bewegung, ein nachhaltiger Blick auf die Dinge bezieht solch permanenten Wandel stets in Überlegungen mit ein. Ein nachhaltig orientierter Mensch ist eher Gestalter des Wandels, ein engstirniger hingegen neigt dazu, lieber in den Dingen zu verharren. Zu gärtnern und zu gestalten gehört unmittelbar zusammen, denn Gärten sind zweckgerichtete und deswegen gestaltete Natur, sprich: Kultur. Sind Menschen, die im Garten die Natur einfach machen lassen noch Gestalter? Oder Bequeme? Oder gar Spießer, die am Naturkonzept beharrlich festhalten, statt sich den sich immer weiter entwickelnden Gestaltungsmöglichkeiten eines Gartens zu öffnen? Eine spannende Grenzbetrachtung.

DEM ZWECK DIENLICH

Im Garten gibt es so etwas wie eine zweckdienliche Ordnung: Zweck first, Variante second. Dann werden Konkurrenzpflanzen, vulgo: Unkräuter, da entfernt, wo sie das Wachstum der Kulturpflanzen

Gartendeko – gezieltes Herumstehenlassen als Eyecatcher

NACHHALTIGE GARTENARBEITEN

Zentraler Ordnungsplatz Gartenhäuschen: alles Benötigte sofort zur Hand

beeinträchtigen oder in Plattenfugen unschön aussehen. Macht Sinn.
Diese klare Ordnungsdenke durchkreuzen hingegen so genannte Vagabundenpflanzen. Das sind im Garten gewollte, kurzlebige Kulturpflanzen, die sich aber geradezu aussäen und verteilen müssen, um in Folgejahren im Garten mit dabei zu bleiben. Dazu zählen u.a. Akelei, Argentinisches Eisenkraut, Fenchel, Fingerhut, Knautie, Königskerze, Nachtkerze, Pfirsichblättrige Glockenblume und Purpurblütiges Leinkraut. Selbstausgesäte Ausreißer, die man in seiner Gartenordnung gerne duldet und dabei erkennt, dass Gartenordnung eigentlich keine Starre ist. Allzu starre Gartenordnung hat einen Haken: Sie neigt dazu zwar den Garten nach eigenem Gusto in Ordnung zu halten, damit zugleich aber nicht zwingend auch die Natur, die Du zu Deiner Unterstützung im Garten brauchst. Im allzu aufgeräumten Garten haben ja die Wildflora und die von ihr lebenden (und bei Dir Pflanzen bestäubenden und Schädlinge jagenden) Insekten keinen Platz. Besser also, Du planst in Deinen Garten bis zu 30 % naturnahe Fläche so mit ein, dass dort das wilde Leben in all seiner Pracht seinen Platz hat. Und seinen Nutzen entfaltet.
Ein weiterer Punkt kommt mit hinzu. Gartenequipment, von der Ausstattung bis zu den Gerätschaften, wurde einmal von Dir für teures Geld angeschafft. Sinnvoll also – und im Sinne langer Nutzungsdauer auch nachhaltig – ist es, all das in Schuss zu halten. Damit pfleglich umzugehen.
Bequem ist es freilich, Dinge dort abzulegen, wo man sie zuletzt benutzt hat.
Ein Schuppen oder Gartenhäuschen als zentraler Aufbewahrungsort für alles Nötige ist aber die zielführendere Ordnungsvariante. Hier finden alle am Garten Beteiligten zuverlässig alles. Immer dann, wenn sie es schnell mal brauchen. Ohne zu suchen.

DER SAME LEBT

Die Keimkraft einer Pflanze ist je nach Art länger oder kürzer. Zur längstmöglichen Erhaltung der Keimkraft bewahre Saatgut ordentlich auf: frostfrei, trocken, dunkel, kühl. Unordentliche Aufbewahrung wie etwa in der feuchten Garage oder im durchfrierenden Schuppen führt dazu, dass Du diese keimende Kostbarkeit eher wegschmeißen und neu kaufen musst – wenig nachhaltig.

Gießen: sparsam oder spendabel?

Wie gießen, ist doch egal? Mitnichten! Denn wie Du gießt, hat unmittelbare (Aus)Wirkungen auf die Pflanze. Zudem ist Trinkwasser ein kostbares Lebensmittel, und Regenwasser wird immer knapper.

WAS PFLANZEN BRAUCHEN

Ganz ohne Zweifel: Was Du gerade frisch gepflanzt hast, vom Salat in seinem Erdpresstopf bis zum Gartenbaum mit seinem Wurzelballen, braucht Gießbegleitung bis zu dem Moment, von dem aus sich die Pflanze eigenständig mit Wasser aus dem Boden versorgen kann.

Dann aber gehts auch schon los: wie gießen? Und wie viel davon? Zu verschiedenen Gießtechniken findest Du Näheres auf Seite 54. Geht es dann um die Gießmenge, die Frage also, ob man eine Pflanze besser sparsam oder spendabel gießt, weiß ein Pflanzenversteher, was ihr längerfristig besser guttut.

VON „SÄUFERN" ...

Den Pflanzen geht's wie den Menschen: Wovon reichlich da ist, davon kann man doch unbekümmert und geradezu verschwenderisch verwenden!? Wusstest Du aber, dass man Pflanzen zu so genannten „Säufern" erziehen kann? Werden sie näm-

Gießrand bei jungen Gehölzen ist wichtig.

lich stets üppig mit Wasser versorgt, schöpfen sie aus dem Vollen und verdunsten Wasser in hohem Maße. Kaum zwei, drei Prozent des Gießwassers werden verstoffwechselt. Über 95 % werden als Lösungsmittel für den Stofftransport innerhalb der Pflanze benötigt bzw. zugleich zur Aufrechterhaltung des Zellinnendrucks – und verdunstet.

Jungpflanzen brauchen anfangs viel Wasser.

... UND „SPARERN"

Muss sich hingegen eine Pflanze im Wasserverbrauch einschränken, dann tut sie das auch. Sie macht die „Luken" an ihrer Blattunterseite, die Spaltöffnungen dicht(er) und reduziert damit die Menge an Wasserdampf, die sie hinauspustet. Wie in der Natur auch, weiß eine Pflanze in bestimmtem Maße durchaus, mit situa-

NACHHALTIGE GARTENARBEITEN

Wie viel Wasser eine Pflanze verdampft, hängt nicht allein vom verfügbaren Angebot ab, sondern auch von der Höhe der sie umgebenden Luftfeuchte und Wärme, von der Sonneneinstrahlung und von der Geschwindigkeit bzw. Intensität des Windes. Pflanzen, die ihr natürliches Vorkommen an wasserknappen Standorten haben, verfügen über einen Verdunstungsschutz, z.B. spezielle Blattformen, Wachsabdichtungen auf den Blättern oder Verdunstung reduzierende Behaarung.

tiv oder auch saisonal unterschiedlicher Bodenfeuchte umzugehen. Mehr noch: Es gibt gärtnerische Situationen, z.B. beim Gießen von Pflanzen in Hydrokultur, da lässt man Pflanzen bewusst „leicht trocken fallen". Das nämlich bewirkt, dass das Wurzelwachstum angeregt wird, indem sich die Pflanze aktiv auf die Suche nach Wasser begibt. Das ist gewollt, denn eine intensiver verwurzelte Pflanze steht fester und findet besser als andere zu Wasser und Nährstoffen.

In der Gartenpraxis bewährt hat es sich also, Pflanzen nicht etwa jeden Tag ein wenig zu gießen, sondern sie vielmehr ein-, zweimal die Woche intensiv mit Wasser zu versorgen. „Intensiv" bedeutet „durchdringend", also die oberen etwa 30 cm durchtränkend, den für krautige Gartenpflanzen und (Halb)Sträucher intensivsten Durchwurzelungsbereich. Das geschieht mit einer Wassergabe von etwa zehn bis 20 Liter Wasser pro Quadratmeter. Anschließend den Boden hacken (siehe Seite 22).

Unterversorgung hingegen hat ebenfalls Folgen: Gießt man zu trocken gehaltene Kohlrabi, Radieschen, Rettiche oder Tomaten, pumpen sie sich wieder mit Wasser voll - und platzen. Dauerhaft zu trocken gehaltene Pflanzen prägen sich nicht komplett aus (Gemüse, Kräuter, Obst) oder gehen gar in Notblüte (Gemüse, Kräuter). Oder verlieren wie Rettiche, Radieschen und Kohlrabi ihre Saftigkeit und werden pelzig.

Vollgesaugt nach „Durst" - und geplatzt

Essentials

PFLANZEN DAZU ERZIEHEN, dass sie ein ausgeprägtes Wurzelsystem bilden und zu weitestgehenden Selbstversorgern mit Wasser werden

PFLANZEN IM BEET ein- bis zweimal die Woche intensiv mit Wasser versorgen, als jeden Tag ein wenig.

BEVORZUGT morgens oder abends gießen

ZU TROCKEN GEHALTENE FRUCHTGEMÜSE platzen, wenn sie plötzlich viel Wasser bekommen, oder bilden eine Notblüte.

PFLANZEN AN NATÜRLICHEN, WASSERKNAPPEN STANDORTEN verfügen über einen eingebauten Verdunstungsschutz.

AN ORGANISCHER MASSE reiche Böden sind mit die nachhaltigsten „Zisternen".

Nachhaltige Grundausstattung

Garten braucht Gerätschaften. Egal, ob Schönes fürs Auge oder Nützliches zum Schaffen. Bei all deren Beschaffung wächst mehr und mehr das Bewusstsein zu checken, woraus die Dinge wie und von wem gemacht wurden und welche Handelswege sie genommen haben. Und was mit ihnen geschieht, nach hoffentlich langer Nutzungsdauer.

Ressourcen schonen: wegschmeißen oder upcyceln?

Muss das weg, oder geht da noch was? Im Zuge der Nachhaltigkeit nimmt man auf dem Weg zum Wertstoffhof manches vielleicht besser noch einmal kritisch unter die Lupe.

Mit allerlei Blumen, Kräutern oder auch Gemüse bepflanzte Dosen und Gefäße sind so etwas wie Markenzeichen des Urban Gardening geworden. Dort womöglich auf den Rändern von Hochbeeten aufgestellt, wie sie aus alten Holzpaletten errichtet worden sind. Allesamt wunderbare Möglichkeiten, aus Ausrangiertem stylische Accessoires für den Garten werden zu lassen.

DEIN KOPF – IMMER GUT FÜR KREATIVE IDEEN

Entsteht ein Garten, kann dabei wegzuräumender Bauschutt den Unterbau für Wege und Pflasterflächen ergeben. Zugekauften Beton- oder Ziegelsplitt kannst Du in Betonmischungen verwenden. Übrig gebliebene Steine oder auch unbehandeltes Holz, sogar Schnittholz vom Bäumefällen, nutze im Insektengarten. Auch manch anderes, das dem Sperrmüll gerade noch entkommen ist, kann sich zu neuer Wertigkeit im Garten aufschwingen: Das Fahrrad landet im Staudenbeet und wird mit Clematis berankt, Vollholzmöbel schneidet man zu Latten für Spaliere zurecht, oder zu Passstücken für Nistkästen. Großdosen ohne Deckel befestigst Du quer liegend, regen- und katzensicher so, dass Halbhöhlenbrüter sich dafür als Nistplatz interes-

… oder auch Storytelling im Gartenbeet.

sieren. Sogar Kleinkram kann nützlich sein: nennenswert lange Bindfadenreste oder abisolierte Kupferkabel hebe zum Binden von Pflanzen auf. Krumme Nägel kannst Du gerade klopfen. Man muss nicht zum Messi werden, aber ein „das kann ich noch brauchen"-Arsenal verhilft zu schnellen Lösungen, wenn man „eben schnell" dies oder jenes zur Hand braucht.

Upcycling kann Nützlichkeit bedeuten …

NACHHALTIGE GRUNDAUSSTATTUNG

PET-Flasche mit Gießaufsatz

Fun Faktor: Flying Flora

Essentials

**NUTZE DINGE AUS HAUS-
HALT UND GARTEN** sinnvoll
nach – das kann dekorative mit
einschließen.

**NACHHALTIGKEIT GEHT
EIGENTLICH GANZ EIN-
FACH:** umdenken, es auch
mal sein lassen, reduzieren,
wiederverwenden, recyclen,
reparieren

WASSER, DIE ZWEITE

Selbst unscheinbare Dinge des Alltags haben in diesem Konzept ihren Platz. Hast Du beispielsweise ausgediente 1,5 Liter Wasserflaschen, so gibt es für diese aufschraubbare keramische Aufsätze. Wasser auffüllen, Aufsatz drauf und das Ganze über Kopf ins Hochbeet gedrückt – schon hast Du eine anderthalb Liter Wasserreserve geschaffen – für den Fall, dass Du ein, zwei Tage länger weg bist. Flohmärkte sind wahre Fundgruben für Zeug, das im Garten eine zweite Chance verdient hat. Angemacktes Porzellan, zum Beispiel. Super Suppenschüssel oder alte Kaffeekanne aufgetrieben? Stelle sie ins Kräuterbeet, nachdem Du mit dem Fliesenbohrer am Boden ein, zwei Wasserabzugslöcher hineingebohrt hast. Befülle das Ganze mit einem Gemisch aus drei Viertel Splitt und einem Viertel reifem Kompost und pflanze z. B. Thymian, Bergbohnenkraut, Amerikanische Bergminze, Wermut oder Oregano hinein. Aus alten Balken, Türen, Fenstern, Spiegeln, Gartengeräten und dergleichen mehr schaffst Du im Handumdrehen bepflanzte, vielleicht sogar beleuchtete Dekoelemente im Garten mit verblüffenden Wirkungen. Lass doch Deine Feuerbohnen den alten Kleiderständer erobern. Alte Klamotten nähe zu Pflanztaschen zu. Schneide Risse hinein, um sie zu bepflanzen.

Willkommen im smarten Garten

Vieles im Garten lässt sich weiterhin von Hand bedienen. Überblick und Handlungsoptionen werden aber komplexer. Digitale Möglichkeiten helfen dann dabei, organisierter und effizienter zu sein – bis hin zum Stromsparen.

Essentials

„GRÜNEN" STROM zukaufen oder eigene PV-Anlage installieren

BEI NEUANSCHAFFUNGEN solche Geräte in Erwägung ziehen, die smarte Nachhaltigkeitsvorteile bieten

GERÄTE NICHT NUR ANSCHAFFEN, sondern auch so installieren und nutzen, dass ihre gewünschten Effekte tatsächlich zum Tragen kommen

KLUG ABWÄGEN Nicht zwingend Altgeräte durch neue ersetzen, nur weil sie nicht smart sind; Restnutzungsdauer ausschöpfen kann nachhaltiger sein

Digitales Leben vernetzt, auch im Garten

Infotainment – do it digital!

VOM SMART HOME ZUM SMART GARDEN

Im Smart Home sind Haushaltsgeräte und Gebäudefunktionen miteinander elektronisch vernetzt. Das ermöglicht es beispielsweise, Abläufe zu überwachen, in Gefahrensituationen frühzeitig einzugreifen, Wohn- und Lebenskomfort auszuweiten, Sicherheit zu erhöhen und Energie effizienter zu nutzen. Unmittelbar zum Smart Home gehört das Smart Gardening.

SMARTE MÖGLICHKEITEN

Digitale Tools bieten die Möglichkeit, sich zu informieren. Etwa mithilfe von Garten-Apps oder Pflanzenbestimmungs-Apps. Mit einer Wetterstation im Garten verbundene Applikationen liefern Temperaturdaten, warnen vor Nachtfrost, dokumentieren Niederschlagsmengen, messen Windstärken. Daraus lassen sich Reaktionen auslösen: Bei zu starkem Wind die Markise einfahren, je nach Regenmenge die automatische Bewässerung starten oder stoppen.

Auch Organisation ist digital leicht möglich. Mithilfe von Spezialbrillen lassen sich Gärten vermessen und ihre Bepflanzung oder ihre Einrichtung mit Equipment virtuell planen: Sähe dieses oder jenes Gartenmöbel an Ort und Stelle besser aus? Oder lieber organisierte Überwachung? Geräteleistungen, von Leistungsparameter bis Betriebsdauer, lassen sich smart leichter im Blick behalten. Beispielsweise, um Wartungen automatisch auszulösen. Bewegungsmelder, Video-Überwachungssysteme, Wasserschadenmelder, smarte Alarmanlagen, sie alle dienen der Schadensabwehr, speziell bei persönlicher Abwesenheit. Ungewünschte Gartengäste hält man im smarten Garten digital außen vor. Nahen Rehwild oder Schwarzwild, meldet es die Wildtierkamera. Dann lässt sich Strom, von einer „intelligenten Steckdose" digital gesteuert, auf den Abwehrzaun schalten.

AUTOMATISIERTER ALLTAG

Smarte Möglichkeiten durchziehen den Garten längst mit vielerlei Nützlichkeiten. Mähroboter sind etablierte Geräte der Rasenpflege. Poolroboter putzen die Bodenfliesen im Schwimmbecken. Smarte Pumpen an der Zisterne und automatische Bewässerungen am Balkon und in den Beeten helfen, mit dem kostbarer werdenden Nass verantwortungsvoller umzugehen. Smarte Pumpen und smarte Filtersteuerungen ermöglichen angepasst Strom sparendes, aber höchst effizientes Wassermanagement im Garten-, Schwimm- und Koiteich. Smarte Sonnenschutzsysteme schattieren Gartensitzplätze automatisch, angepasst an Strahlungsstärke und Wetterverlauf.

GÄSTE IM GARTEN

Sind situative Emotionen gefragt oder ist Party angesagt, ermöglichen smarte Beleuchtungssysteme stimmungsvolle Lichtsteuerungen mit unterschiedlicher Helligkeit und Farbtemperatur, Wechsel der Lichtfarbe und Kopplung der Lichteffekte an das Soundsystem. Outdoorlautsprecher, Lichtorgel und Beschallungen unterschiedlichster Art, steuert längst die App auf dem Smartphone.

STAND DER TECHNIK

Gartengerätehersteller führen diverse Gerätesteuerungsmöglichkeiten längst in eigenen Smart-Gardening-Apps zusammen. Haushaltsabdeckende, vernetzte Anwendungen bilden schlussendlich die komplexeren Smart-Home-Systeme ab, ausgestattet mit Sensoren oder Sprachsteuerungen. App und häusliche Schaltzentrale inklusive.

UND DER STROM?

Abseits der Grundversorgung mit Strom gelegene Gärten nutzen zur Stromgewinnung meist einen Generator mit Verbrennermotor. Sinnvoller ist es, dafür eine PV-Anlage aufzubauen. Die speist dann einen Stromgenerator mit Wechselrichter, der eine kontinuierliche Versorgung mit 230 V Wechselstrom sicherstellt. Leistungsstarke Geräte (z. B. 1.800 Watt) haben dann beispielsweise zwei Anschlüsse für Netzstecker. Und natürlich USB-Anschlüsse zum Laden elektronischer Devices.

Mähroboter – digitale Selbstversorger

Stimmungswechsel gefällig? Klick it!

Blumenerde wiederverwenden?

Ob Blumenkästen oder Kübelpflanzen, am Ende des Gartenjahres bleibt da eine Menge gebrauchter Blumenerde. Muss man im Frühjahr wirklich neue kaufen? Kann man die alte nicht einfach wiederverwenden?

Essentials

PFLANZERDE MEHRJÄHRIGER GESUNDER KÜBELPFLANZEN kann etwa zwei, drei Jahre lang verwendet werden, wenn Du sie mit Nährstoffen aufpeppst; danach ist Umtopfen angesagt.

MIT BODENPILZEN BEFALLENE ERDE muss entsorgt werden und darf keinesfalls nochmal verwendet werden. Töpfe säubern!

BESONDERS MINERALISCHE ERDEN eignen sich zur Wiederverwendung besser als an Ton oder auch Bims arme organische Erden.

Unbedenkliche Erde eignet sich als Füllstoff in großen Pflanzgefäßen.

WARUM NICHT?

Blumenerden aus Torf (siehe auch Seite 51) oder auch Torfersatzstoffen, wie Reisspelzen, Kokos- oder Holzfasern, sind recht stabile organische Masse. Deswegen verwendet man sie ja für solche Zwecke. In ihrer Langlebigkeit ist Blumenerde also eigentlich dazu geeignet, sie geraume Zeit zu nutzen. Als Kübelpflanzenerde wird sie häufig ein paar Jahre lang genutzt. Warum also Erde nicht mehrmals für Gemüse, Kräuter, für Frühlings-, Sommer- und Herbst-/Winterbepflanzungen verwenden, die jeweils nur saisonal für kurze Zeit im Topf standen?

Macht man nicht, weil für den Hobbygärtner eine einmal verwendete Blumenerde eine gewisse Black Box bedeutet: Sind Erreger von Pflanzenkrankheiten drin? Noch Nährstoffe, und wie viel davon? Was genau fehlt nach der Vorverwendung? Wenn man das alles nicht weiß, tut man sich schwer damit, die Pflanzen korrekt zu pflegen, die bei einer Nachverwendung solcher Erde darin wachsen sollen. Ein Profigärtner würde das in etwa nachmessen und die Erde passend nachdüngen können. Er verwendet benutzte Erde aus hygienischen Gründen nicht nach (siehe Kasten rechts), um sich im Betrieb keine Pflanzeninfektionen einzufangen.

SO VIELLEICHT DOCH

Auf Balkon, Terrasse und im Garten ist diese Gefahr einer Infektion eher gering und eher dort gegeben, wo Pflanzen zu nass gepflegt werden (dann ggf. Befall mit *Phytophtora* oder *Phytium*). Bei zu trockener Pflege ist eher *Verticillium* eine Folge. Wo aber keine erkennbaren Pflanzeninfektionen vorlagen, kannst Du Dich durchaus an eine Nachverwendung von benutzter Blumenerde heranwagen. Entferne zunächst ggf. obenauf liegende, weiß überhauchte Erde.

Das geht dann so:

Rechne nach (Länge x Breite x Höhe, jeweils Innenmaße), wie viel Blumenerde im Gefäß ist. Berücksichtige dabei 2–3 cm Höhe, als einzuhaltenden Gießrand. Mische pro Liter Erde 2 EL Schafwollpellets unter. Gib pro 60 cm-Kasten 2, pro 80 cm-Kasten 3 und pro 100 cm-Kasten 4 gehäufte EL Horngries oder Hornspäne dazu. Nimm wahlweise 6-Monats-Langzeitdünger. Bewährt hat sich jedoch auch die Kombination von Schafwollpellets, Horngries bzw. Hornspänen mit mineralischem Volldünger und Langzeitdünger, weil dann deren kurz- und langfristige Wirkungen ineinander greifen. Schafwollpellets, Horngries bzw. Hornspäne brauchen etwa drei Wochen wärmeres Wetter und ausreichend Feuchte, um wirksam zu werden. Bis dahin machen Voll- und Langzeitdünger ihren Job.

Sommerflor: Alterde nachverwenden und mit frischem Dünger versorgen

Herbstflor: Alterde über Winter nachverwenden und mit frischer dekorieren

KLARES NEIN!

Sind in der nachzuverwendenden Blumenerde Pflanzen an einer Infektion durch Bodenpilze eingegangen (z. B. *Phytophtora*, *Phytium*, *Verticillium*), entsorge die Erde im Restmüll und desinfiziere die betroffenen Pflanzgefäße. Auch mit der Zeit stark salzhaltig gewordene Erde (weißlicher Belag obenauf) bepflanze nicht direkt neu. Diese kannst Du aber auf dem Kompost oder aber sehr großflächig im Beet verteilen und dort jeweils als Düngergabe einarbeiten.

IM VORTEIL: MINERALREICHE ERDEN

Bims und Ton: Stark mineralische Blumen- bzw. Kübelpflanzenerde ist deutlich stabiler als eher organische. Deswegen ist sie für wiederholte Verwendung (ca. drei, vier Jahre lang) besser geeignet. Hast Du also vor, Erde aus Gründen der Nachhaltigkeit möglicherweise längere Zeit zu nutzen, dann berücksichtige das beim Einkauf.

Und die vielen Pflanztöpfe?

Wer viele Pflanzen kauft, steht vor einem Berg von Pflanztöpfen. Was tun? Schau schon beim Kauf der Pflanze auch auf den Topf, in dem sie steht.

Essentials

SCHWARZE PFLANZTÖPFE können nicht aussortiert und zu neuen verarbeitet, sondern müssen verbrannt werden.

GRAUE PFLANZTÖPFE kann die Sortieranlage in den Kunststoffkreislauf zurückführen.

POTTBURRI-PFLANZTÖPFE kannst Du im Garten mit einpflanzen, weil sie dort zuverlässig verrotten.

DAS PROBLEM

Pflanzen werden in ihren Töpfen nicht nur herangezogen, sondern auch verkauft und transportiert. Insofern gelten sie als eine Transportverpackung und diese wiederum ist dazu geeignet, sie über die Dualen Systeme zu entsorgen. Sie also in den Gelben Sack, die Gelbe Tonne oder auch in die Wertstofftonne zu geben. Das Duale System bezeichnet die Sammlung und Entsorgung von gebrauchten Verpackungen vor allem aus Haushalten. Durchgeführt wird es durch die regionale Abfallwirtschaft.

Speziell schwarze Pflanztöpfe lassen sich wegen ihrer besonderen Einfärbung nicht wieder in den Kunststoffrecyclingprozess rückintegrieren (siehe Kasten rechts), weswegen sie üblicherweise der thermischen Entsorgung, sprich: Verbrennung, zugeführt werden.

PFLANZENFASERN STATT PLASTIK

Pflanztöpfe aus organischem Material herzustellen, wie Flachs, Reisspelzen, Holz- oder Kokosfasern, funktioniert in der Formgebung, hat sich aber als schwierig in der Verwendung herausgestellt: Entweder sie zersetzen sich

Je pflanzenbegeisterter Du bist, desto mehr Resttöpfe fallen an.

NACHHALTIGE GRUNDAUSSTATTUNG

zu früh-, oder zu spät – selten genau passend so, wie Menschen sich das wünschen. Das liegt daran, dass Temperatur und Feuchtigkeit die Aktivität der topfzersetzenden Pilze beschleunigen bzw. bremsen.

SO GEHT VERROTTUNG

Einen gewissen Umweg einzulegen, nämlich aus organischer Masse zunächst bio-basierte Kunststoffe und daraus Pflanztöpfe herzustellen, hat sich statt Faser-Direktverwendung als probat erwiesen. So werden so genannte Pottburri-Pflanztöpfe aus einem verrottbaren Kunststoff produziert, dessen Basis Sonnenblumenkernschalen sind. Das spart nicht nur Erdöl als herkömmliche Basis der meisten Kunststoffe ein. Auch entsteht bei der Verrottung von Potburri-Pflanztöpfen keinerlei Mikroplastik.

SO GEHT RECYCLING

Um sie voll recyclingfähig zu halten, verwenden Gärtner inzwischen graue Töpfe, die aus Post-Consumer-Recyclat (PCR) hergestellt sind. Das ist gereinigtes, erhitztes und vermahlenes Plastik, das aus Haushaltsabfällen stammt. PCR spart bis zu 95 % an fossilen Rohstoffen ein, dazu Wasser und Produktionsenergie und senkt den CO_2-Ausstoß im Vergleich zur Herstellung konventioneller Pflanztöpfe um etwa 75 %.

Statt Jungpflanzen in Erdpresstöpfen anzuziehen, kannst Du dazu auch Joghurtbecher upcyceln, in die Du torffreie Anzuchterde gibst.

Torfreduktion ja, aber für die Jungpflanzenanzucht haben sich Presstöpfe bewährt

Statt „Plastik" von gestern: verrottbare Pflanztöpfe auf organischer Basis

DIE IM DUNKELN SIEHT MAN NICHT

Sortieranlagen der Abfallwirtschaft verwenden Sensoren, die mit Nah-Infrarot-Technologie funktionieren. Sie erkennen recyclingfähige Reststoffe mithilfe von reflektiertem Licht. Schwarzes Plastik, also auch schwarze Pflanztöpfe, „schlucken" das auf sie gestrahlte Nah-Infrarot-Licht und werden daher von dieser Methode nicht erkannt. Deswegen funktioniert ihr Recycling auch nicht, wenn Du sie ins Duale System einspeist.

Echtholz oder nur Holz-Look?

Holz ist ein Naturprodukt, das CO_2 bindet. Der natürliche Werkstoff unterliegt aber der Verwitterung und muss während seiner Nutzung meist aufwändig imprägniert und gepflegt werden. Also doch lieber gleich Kunststoff?

Materialmix im Garten

Echtholz benötigt Verwitterungsschutz

Essentials

DAS NATURPRODUKT HOLZ ist in daraus erzeugten Produkten sinnvoller verwendet als durch Verbrennung.

GARTENHOLZ BINDET CO_2 für die Dauer seiner Nutzung.

GARTENKUNSTSTOFF setzt bei seiner Herstellung CO_2 frei.

ERSATZWEISE Holz-Kunststoff-Verbundwerkstoffe (WPC) zu verwenden, macht nur Sinn, wenn diese höchstwertig sind und damit eine lange Nutzungsdauer haben.

HOLZ IST NICHT GLEICH HOLZ

Hackschnitzel hin, Holzpellets her – Holz ist zum Verbrennen eigentlich viel zu schade. Es ist zwar ein nachwachsender Rohstoff, aber je nach Bedingungen wachsen pro Hektar Wald jährlich nur etwa zehn bis 20 Festmeter Holz nach, im Klimawandel tendenziell sogar weniger. Das ist ungefähr die Menge, die auf einen Langholztransport passt. Theoretisch. Denn es entstehen ja nicht nur verwertbare Stämme der Kategorien A (z. B. Furnierholz, Möbelholz) und B (z. B. Bauholz), sondern auch C (Brennholz). Auch das Kronenholz fällt an als bestenfalls Brennholz. Das zeigt: Alles abseits der Verbrennung nutzbare Holz empfiehlt sich, es auch so zu nutzen.

Verbranntes Holz setzt das darin gebundene CO_2 kurzfristig frei, Bau- und Möbelholz hingegen erst nach Ende der Nutzungsdauer, oft Jahrzehnten. Dann ist Holz ein effektiver CO_2-Zwischenspeicher. Auch in seiner Verwendung als Gartenholz.

GARTENTAUGLICHE HOLZARTEN

Im Garten kommen diverse Holzarten zum Einsatz. Fichte und Kiefer für z. B. Gartenhäuschen und Co. Ihr Vorteil: preiswert. Ungeschützt, sind beide aber kurzlebig. Für alles rund ums Feuchte, wie Bodenbeläge und Hochbeete, werden besser Lärche oder Douglasie genutzt. Beide sind hier vergleichsweise haltbarer. Bei der Lärche werden vor allem extrem langsam gewachsene Herkünfte bevorzugt (z. B. Sibirische Lärche), weil sie besonders widerstandsfähig und daher lange nutzbar sind.

JELÄNGERJELIEBER, MIT HOLZ-IMITAT

Über Naturholz hinaus gibt es Holz-Kunststoff-Verbundwerkstoffe (WPC), in lediglich Holzoptik. Bei WPC sind Holzfasern von Kunststoffen umhüllt und geben den daraus geformten, z. B. massiven oder auch hohlen Terrassen- oder Wandpaneelen Steifigkeit und Robustheit. Andere Verbundwerkstoffe bestehen aus Reishülsen, Steinsalz und Mineralöl. Hochwertige WPC-Paneele sind bestenfalls aus Recyclingmaterial gemacht und selber recycelfähig. Die Nutzungsdauer liegt bei etwa 25 Jahren. Billig-WPCs mit zu hohem Holzanteil oder schlechter Verarbeitung können schimmeln, wenn sie nicht hinterlüftet sind. Qualitäts-WPCs hingegen kannst Du mit Bodenkontakt verlegen.

HOLZSCHUTZ

Aus Norwegen stammt das Verfahren, Kiefernholzbretter mithilfe von Alkohol zu langlebigen Elementen beispielsweise für Terrassenbeläge, Holzfassaden und Trennwände zu konservieren. Die Zuschnitte werden in Furfurylalkohol getränkt, das in die Holzzellwände eindringt und mit ihnen zusammen beim Trocknen zu stabilen Biopolymeren aushärtet.

Die Verbauung von Holz trägt mit dazu bei, es im Garten lange nutzbar zu halten. Verbaue es nicht mit direktem Erdkontakt, halte 20 cm Abstand zur abtrocknenden Unterlüftung. Stelle Holzstützen auf Stahlschuhe (Spritzwasserschutz, Abstand 20-30 cm). Verlege Holzabdeckungen mit Gefälle von mindestens 2 %, um Wasser schnell abzuleiten. Versehe Außenholzabdeckungen mit einem 4 cm breiten Überstand und den an der Unterseite mit Tropfrillen. Nutze zum Schutz des Holzes gegen Schlagregen ggf. auch Überdachungen, große Dachüberstände oder Vordächer.

> **NACHPFLANZEN? JA, ABER ...**
>
> Um einen Wald zu pflanzen, werden anfangs pro Hektar, je nach Baumart, tausende Jungpflanzen gesetzt: Buchen, Eichen, Kiefern je 6.500-8.000 Stück, Ahorne 3.000-5.000, Fichten 2.500-3.500, Douglasien und Weißtannen 2.000-2.500. Bis zu deren Hiebreife (häufig nach 120-150 Jahren, Fichten früher) werden sie mehr und mehr ausgedünnt. Ein Wald mit all seinen Bäumen jeden Alters, bindet pro Hektar und Jahr 6 t CO_2. Ein reiner Jungpflanzenwald über viele Jahre hinweg natürlich deutlich weniger.

Hochwertige WPC-Beläge sind recycelbar.

Bei Gartenholz verzichtet man tunlichst auf Tropenholz. Anderweitiges Importholz sollte möglichst aus FSC-zertifizierten Wäldern stammen. Örtliche Holzhändler bieten Holzarten aus regionalem Einschlag.

Muskel-Workout oder motorisierte Maschinenhilfe?

Handrasenmäher sind total Old School? Ansichtssache. Denn im Zuge der Klimaerwärmung werden wir künftig jedes Watt elektrische Leistung wohlüberlegt anzuwenden haben. Ohne jedoch dabei in die Steinzeit zurückzuverfallen.

Essentials

VOM UNMITTELBAREN LEISTUNGSAUFWAND her betrachtet, ist ein mit grünem oder dem aus eigener PV-Anlage gewonnenem Strom betriebener Mäher mit Elektromotor eine vertretbare Lösung.

MIT DEM HANDMÄHER haben Lazy Bones die Chance auf einen genialen Workout.

ZU VIEL RASEN kannst Du in blütenreichere, insektenfreundlichere Flächen umwidmen.

„M-Gärtner" mähen mit Muskelkraft, ...

GARTEN BEDEUTET ARBEIT

Zier- und Sportrasenflächen sind, willst Du sie in Schuss halten, während des Sommerhalbjahres von April bis Oktober pflegeaufwändig. Ein- bis zweimal vertikutieren, regelmäßig düngen und vor allem mähen. Und das, je nach Wachstum und gewünschter Pflegeintensität, ein-, zwei- mal die Woche, bis etwa alle zehn Tage, 15-mal und mehr in der Saison. Abgesehen davon, dass das durchaus auch seine positiven Seiten hat, ist es zu leistende Arbeit. Arbeit ist Kraft mal Weg. Welche Kraft darf es denn sein? Die Deiner eigenen Muskeln oder die eines unterstützenden Motors?

ENERGIE, SO ODER SO

Verbrennermotor? Die sind bei Gartengeräten mehr und mehr auf dem absteigenden Ast.
Elektromotor? Geht natürlich einfach mit Strom aus der Steckdose. Am besten aus einer, die in einem Wechselstromgenerator verbaut ist, der an Deiner hauseigenen PV-Anlage hängt (siehe Seite 44–45). Eine Irrmeinung ist es hingegen zu glauben: Dann nehme ich einen Handmäher, dann

brauche ich gar keine Energie. Auch die muss ja irgendwo herkommen, in diesem Fall aus zuvor erzeugten Lebensmitteln.

ÜBERSCHLAGSRECHNUNG

Ein 30-jähriger Mann, 180 cm groß und 80 kg schwer, verbrennt während einer halben Stunde Rasenmähen mit einem Handmäher etwa 220 kcal für diese Tätigkeit. Für dieselbe Tätigkeit, ausgeführt mit dem Motormäher, sind es nur 200 kcal. Nach zwei Gläsern Apfelsaft á 200 ml, haben beide die aufgewendete Energiemenge wieder ausgeglichen. Der Handmähermann darf zusätzlich sogar noch anderthalb Würfelzucker nachschieben. Abgesehen davon, dass das eine Tabellenberechnung ist: Fans von Handmähern ziehen ihren Energiebedarf aus Nahrung und die wiederum ist nicht ohne Energieaufwand hergestellt worden. Und selbst wenn man davon ausgeht, dass ein Handrasenmäher weniger energieaufwändig herzustellen ist als ein Elektromäher, ist die Nutzung eines Elektromähers mit langer Nutzungsdauer und mit Strom aus der eigenen PV-Anlage die energetisch betrachtet wohl nachhaltigste Form des Rasenmähens.

WORKOUT GEFÄLLIG?

Apropos Form: Bezieht man den Faktor Fitness mit ein, so rückt noch einmal der Handrasenmäher ins Bild. Ihn anzutreiben, erfordert mehr Anspannung für mehr daran beteiligte Muskelgruppen und deren Sehnen, als einem Motormäher hinterherzulaufen, womöglich einem mit Radantrieb. Gerade für gern körperlich aktive Gartenfreunde kann das Rasenmähen mit dem Handrasenmäher interessant sein. Sind das auch noch Menschen mit einem Job, der sie körperlich nicht groß fordert,

..., „E-Gärtner" hingegen, mähen elektrisch

umso mehr. Für sie und ihre Gesundheit sind dann ein-, zwei wöchentliche Rasen-Workouts ein Ausgleichssport. Wohl wissend, dass im Falle etwas zu lang und zudem vielleicht sogar noch nass gewordener Grashalme das Ganze durchaus zu einer echten körperlichen Herausforderung wird.

Apropos Beschwernis: Vielleicht entdeckt bei all dem der eine oder andere, dass ihm seine Rasenfläche mit der Zeit doch etwas zu groß geworden ist. Das ist dann eine prima Gelegenheit darüber nachzudenken, aus einer Teilfläche seines Rasens eine viel insektenfreundlichere zu machen (siehe Seite 18).

GROBER CUT, FEINER CUT

Motorrasenmäher sind zumeist Sichelmäher, deren unter einer schützenden Abdeckung rotierende Sichelblätter die Halmspitzen abschlagen. Das ergibt eine gefranste Wunde am Gras, die unschön verbräunt.

Willst Du eine glatte, nicht verbräunende Schnittfläche, verwende für ein feineres Schnittbild einen Spindelmäher (gibt's auch mit Motor). Deren über eine Schnittkante gleitende, gewundene Spindelmesser schneiden den Halm so glatt ab, als hättest Du ihn mit einer Schere abgetrennt.

Steckdose oder Selberversorger-Strom?

Der Strom kommt aus der Steckdose. Aber wer hat ihn vorher eingespeist? Elektrogeräte im Garten und Smart Gardening sind Selbstverständlichkeiten. Künftig eher mehr, denn weniger. Woher also den Strom all dafür nehmen?

Essentials

NUTZUNG VON „GRÜNEM" STROM und solchem aus eigener PV-Anlage trägt zur Resilienz der bundesweiten Stromversorgung mit bei – und Deiner eigenen.

DIE WIRTSCHAFTLICHKEIT einer eigenen Anlage muss man im Einzelfall rechnen.

JEDE ANLAGE, auch ein Balkonkraftwerk, immer beim MaStR anmelden

DU HAST ES SELBST IN DER HAND

Elektrischer Strom ist die künftig antreibende Kraft, denn von CO_2 emittierenden Verbrennerlösungen der Vergangenheit gilt es, sich zu verabschieden. Das greift durch bis auf die Erzeugung von Strom: Woraus ist der generiert? Das gelingt zurzeit noch nicht vollumfänglich regenerativ und emissionsfrei, aber wir sind auf dem Weg dahin. Auch jetzt schon besteht die Möglichkeit, Deinen Strom von solchen Anbietern zu beziehen, die ihn z. B. durch Wasserkraft oder Windenergie produzieren. Dann stimmt schon mal die Qualität dieses Stroms. Im Sinne der Nachhaltigkeit kannst Du darüber hinaus noch den zweiten Faktor bedienen: die Quantität, die Menge Deines Stromverbrauchs. Von der Geräte- und Leuchtenauswahl bis zur Häufigkeit der Anwendung hast Du viele Stellschrauben in der eigenen Hand, um Deinen Stromverbrauch herunterzuregeln. Just do it!

STROM AUS DEM EIGENEN GARTEN

Solarpaneele werden im Garten gerade zu einem alltäglichen Anblick. Noch als dunkle Platten auf Dachflächen, aber ihre Bauart wird sich verändern. Agrovoltaik überbaut bereits Beete: Oben Stromerzeugung, unten Schnittlauch, Salat und Stabtomaten. Auch deswegen, weil einige Gartenkulturen künftig Schattierungen gerne annehmen werden.

Man wird Elemente zur Solarstromerzeugung in Dachziegeln finden, in Fassadenverkleidungen, in Balkongeländern und mancherlei anderem dazu geeigneten

NACHHALTIGE GRUNDAUSSTATTUNG

Dezentrale, eigene Solarstromerzeugung in Haus und Garten entlastet die öffentlichen Systeme und ist auf eigenem Dach oder Boden zunehmend Standard.

> **STROM AUS BALKONIEN**
>
> Würden alle knapp 20 Mio. Haus- und Wohnungsbesitzer ihre Balkone mit Solar-Kleinkraftwerken ausstatten, so käme dabei einiges an selbst erzeugter elektrischer Leistung herum. Machen aber erst ca. 1,25 % von ihnen. Und Du? Vergiss nicht, Deine Anlage im Marktstammdatenregister (MaStR) der Bundesnetzagentur anzumelden.

Gartenequipment. Die Bedruckbarkeit von Bio-Kunststoffen mit aushärtenden Solarliquiden steht in absehbarer Zeit vor dem Durchbruch. Die Leistungsfähigkeit der Akku-Technik wird zunehmen. Schon gibt es Speichertechniken, die organische Masse dazu nutzen: Organic-Flow-Batterien. Andererseits machen es mit einem Wechselrichter ausgestattete, leistungsstarke Solarstromgeneratoren (mit z. B. 1.800 Watt) längst möglich, Elektrogeräte oder Akkus dezentral, aber kontinuierlich mit 230 V Wechselstrom zu versorgen. Sie verfügen dazu über Anschlüsse für Netzstecker ebenso, wie USB-Anschlüsse.

ZENTRAL, DEZENTRAL

Im Hintergrund solcher häuslichen Details steht die grundsätzliche Überlegung, ob eine zentrale (via Energieversorger) oder aber eine dezentrale Stromversorgung aus Eigenproduktion die nachhaltigere Lösung ist. Ohne es zu komplizieren: Grundsätzlich ist es effektiver und kostengünstiger, von etwas größere Mengen zu produzieren und diese zu verteilen, als dass viele es klein-klein selbst erzeugen. Für Selbstvertiefer: Stichwort Grenzkostenkurve.

Insofern ist grüner Strombezug eine schnelle, einfache Lösung. Je nach Gestehungskosten und Nutzungsdauer einer eigenen PV-Anlage womöglich auch kostengünstiger, das muss man im Einzelfall rechnen. Und trotzdem: Dezentrale Stromversorgung hat spätestens dort ihre zentrale Bedeutung, wo sie für Resilienz im Krisenfall sorgt: Du bist unabhängig. Naja, zumindest etwas. Denn wirksame Stromerzeugung mithilfe eigener PV-Paneele selbst ist ja abhängig von der Einstrahlung im ertragsarmen Winter- und ertragsstarken Sommerhalbjahr. Und dem dann jeweils herrschenden Wetter.

Gibt es nachhaltiges Equipment?

Der Wunsch nach Nachhaltigkeit im Garten ist gepaart mit dem nach Sicherheit bei der Kaufentscheidung. Auf was kann ich daher bereits beim Kauf von langlebigem Gartenequipment achten?

Essentials

NUTZE DIE ZIELFÜHRENDEN ZERTIFIZIERUNGEN von Herstellern, um Dich im Angebot nachhaltigkeitsorientierter Ware leichter zurechtzufinden.

GENAU HINZUGUCKEN LOHNT, denn es gibt auch nachhaltig arbeitende Unternehmungen ohne Zertifikate – ebenso wie Green Washing-Unternehmen.

UNTERSTÜTZE, für mehr langfristige Resilienz, auch Deine regionalen Anbieter.

BEHALTE BEI ALLZU BILLIG erscheinenden Verlockungen die Frage im Kopf: Wer zahlt den Preis?

Das robustere Gartenwerkzeug hält länger.

WER ZAHLT DEN PREIS?

Viele Gartengeräte, egal, ob mit oder ohne Motor, sind nicht nur erschwingliche, sondern geradezu billige Produkte geworden: die Gartenschere für ein paar Euro, die Pflanzkelle für ein paar Cent, der Rasenmäher mit Zahnrädern aus Kunststoff, statt aus Stahl. Wo solche Gerätschaften über den Preis erworben werden, spielen drei Überlegungen zumeist keine Rolle: Für

welche Belastungen sind die Dinger ausgelegt und wie lange halten sie demzufolge? Und wer zahlt den Preis für „billig"?
Oft nämlich sind einige Grundlagen der Nachhaltigkeit, wie SDG 8 (Menschenwürdige Arbeit) und SDG 12 (nachhaltiger Konsum, Ressourcenschonung), unberücksichtigt und insofern nicht eingepreist. Sie sind dann „sozialisiert", sprich: Entweder zahlen einzelne, weil unfair bezahlt, oder viele in Form der Kostenbelastungen durch Umweltschäden.

NACHHALTIGKEIT IST EIGENTLICH URALT

Statt Gartengeräte aus billigem Blech, die sich bereits bei etwas robusterer Anwendung leicht verbiegen, hätten unsere Altvorderen immer auf widerstandsfähige, womöglich geschmiedete Gartengeräte gesetzt, die sie ein Leben lang hätten benutzen und danach womöglich noch hätten vererben können.

BIO-PFLANZEN

Bei Pflanzen tust Du Dich mit solchen Überlegungen relativ einfach. Wenn Du Pflanzen in Bio-Qualität kaufen möchtest, so achte einfach auf die Zertifizierung des Betriebes, der sie anbietet. Ein solches Zertifikat nicht zu führen, bedeutet nicht zwangsläufig, dass der Betrieb nicht nachhaltigkeitsorientiert arbeitet. Es kann auch sein, dass er lediglich die Kosten für eine recht aufwändige Zertifizierung und die damit verbundenen regelmäßigen Nachzertifizierungen nicht aufbringen mag. Auch gibt es Pflanzen- oder auch Saatguterzeuger, die sich dem Erhalt von alten Sorten oder speziellen Wildpflanzen und damit eines wertvollen Genpools für die Zukunft verschrieben haben (z. B. ahornblatt-pflanzenvielfalt.de). Unterstützenswert! Sie tun das, ohne zwingend auch Bio zertifiziert zu sein. Also: erst genauer hinschauen, dann entscheiden.

SCHAU DOCH MAL REGIONAL

In einigen Bundesländern, wie z. B. Bayern, Baden-Württemberg, Berlin, Rheinland-Pfalz, gibt es Gartenakademien, die Tipps rund ums nachhaltige Gärtnern geben. Der Bayerische Landesverband für Gartenbau und Landespflege bietet ein Zertifizierungsprogramm „Bayern blüht – Naturgarten" an, der Landesbund für Vogel- und Naturschutz in Bayern (LBV) eine Plakette „Vogelfreundlicher Garten". In West- und Norddeutschland gibt es eine gärtnerische Erzeugergemeinschaft (PlantPlus), die Global G.A.P. zertifiziert ist und konsequent auf nachhaltig erzeugte Pflanzen setzt. So auch auf das Erzeugerprogramm „Zero – nachhaltig bis ins Detail". Entsprechend gelabelte Pflanzen gibt's im Grünen Handel. Die Betriebe sind, im Sinne sozialer Nachhaltigkeit (SDG 10, weniger Ungleichheiten), allesamt als „Familienfreundlicher Arbeitgeber" zertifiziert.

> ### ZAHLREICHE ZERTIFIKATE
>
> Durchgängige Nachhaltigkeitszertifikate für Gartenequipment aller Art, gibt es noch nicht. Im Segment (Garten)Holz sind FSC (Forest Stewardship Council), PEFC (Programme for the Endorsement of Forest Certification Schemes) und WWF (World Wildlife Fund) Beispiele für Zertifikanten nachhaltiger Forstwirtschaft. Das Label „oeko-tex-standard-100" ist State of the Art bei (Garten)Textilien. Global G.A.P und EMAS zertifizieren Unternehmen zu Nachhaltigkeit bzw. Umweltmanagement. Du kannst übrigens beruhigt weiterlesen: Dieses Buch ist auf FSC-Papier gedruckt.

Bio-Saatgut heißt: bio, von Anfang an.

Wie bleiben Gartengeräte nachhaltig?

Gartengeräte, ob manuell oder maschinell betrieben, sind das Rückgrat der Gartenarbeit. Sie wirken insofern nachhaltig, als dass Du die anstehenden Arbeiten ohne sie nicht lange durchstehen würdest.

Essentials

ZIEH BEI HÄUFIGERER NUTZUNG Geräte mit langer Verwendungsdauer vor.

GEH MIT DEINEN GERÄTSCHAFTEN pfleglich um, für ihren langen Werterhalt.

GERÄTE ZU REPARIEREN kann nachhaltiger sein, als neue zu kaufen.

„No plastics": Steht das Comeback der verzinkten Gießkanne bevor? Trotz ihres hohen Eigengewichts? Du entscheidest mit!

EX UND HOPP?

Bei der Vielfalt unserer Lebenswirklichkeit neigen wir dazu, viele Dinge mal eben schnell zu erledigen. Eine dazu gehörige Unsitte hat sich heute auch in den Garten eingeschlichen. Noch zu Zeiten unserer Großeltern wäre das undenkbar gewesen: Die „Ex-und-hopp"-Mentalität im Umgang mit Gartengeräten.

WERTERHALT = NACHHALTIGKEIT

Für sie wäre es damals unvorstellbar gewesen, Gartengerätschaften nach ihrer Benutzung aus echtem oder vermeintlichem Zeitmangel heraus einfach irgendwo abzulegen und sie bei der nächsten Benutzung verschmutzt weiterzuverwenden. Nach der Arbeit wurde alles sauber gemacht und trocken und luftig aufbe-

NACHHALTIGE GRUNDAUSSTATTUNG

Mache es Dir zur Angewohnheit, ausnahmslos sauberes Gartenequipment zurückzustellen.

Es geht um Werterhalt: Die Gartenarbeit ist erst dann beendet, wenn auch die Gerätschaften versorgt sind.

PFLEGEN TRIFFT REPARIEREN

Brauchst Du eine Gartenschere nur ein-, zweimal im Jahr für wenige Schnipseleien, reicht Dir womöglich eine Kostetnix-Gartenschere vom Discounter oder Wühltisch. Hast Du immer mal etwas mit der Schere abzuschneiden, und dabei auch dickeres, härteres Material, rechnet sich ein Qualitätsgerät vom namhaften Markenhersteller. Das kannst Du auseinanderbauen, die Einzelteile reinigen, fetten und sie wieder zusammensetzen. Ist etwas kaputt, liefert er Ersatzteile.

wahrt. Und nach der letzten Benutzung im Gartenjahr obendrein eingeölt, damit es im Winter keinen Flugrost ansetzte. Wer einmal die Erfahrung gemacht hat, wie mühselig es ist, statt mit blitzblankem Spatenblatt mit einem zu arbeiten, an dem noch der eingetrocknete Lehm von irgendwann klebt, weiß, worum es hier geht. Um Arbeitserleichterung durch Werterhalt! Und der ist ausgesprochen nachhaltig.

„R"-RATSCHLAG

Daher gilt: Gartengeräte verwenden, die eine lange Verwendungsdauer ermöglichen. Und mit diesen, für ihren langen Werterhalt, pfleglich umgehen. Die Dinge sauber zu halten, ist in der Vokabelkette der Nachhaltigkeits-R's (siehe Seite 9) demnach irgendwo zwischen „reuse" und „repair" angesiedelt. Lege Dir also einen Vorrat an Zeitungspapier oder Putzlumpen zur Geräte- und Maschinenpflege an. Dazu noch eine Bürste fürs Grobe und womöglich ein Tropfen Öl für's Finish – das ist alles.

Rettet das Moore, oder nicht?

Torfverwendung reduzieren heißt Moore retten. Wie wirksam ist es ganz konkret, im Garten Torfverzicht zu üben oder Torfersatzstoffe zu verwenden?

Essentials

TORFABBAU zerstört Moore und setzt CO_2 frei.

ACHTE BEIM KAUF von Pflanzenerde auf torffreie Substrate.

BIO-ERDEN sind nicht automatisch torffrei.

DU KANNST torffreie Erde selbst herstellen.

Weite Moore – die hübsche Heimat von ...

... Standortspezialisten, wie Sonnentau.

EIN HOCH AUF HOCH- UND NIEDERMOORE

Moore sind natürliche Feuchtflächen, auf denen absterbende Pflanzen im Wasser unter Ausschluss von Sauerstoff geraten und daher nicht zersetzt werden, sondern vertorfen. Meist meterdicke Moore sind daher jahrhundertelang höchst effektive CO_2-Speicher.

Moorböden sind unverzichtbarer Lebensraum für hierauf spezialisierte Pflanzenarten. In den nährstoff- und basenreichen Niedermooren z. B. Klein- oder Großseggen, Röhricht-Arten, aber auch Baum- und Straucharten wie Erlen, Fichten, Moorbirken, Weiden. In den nährstoffarmen und bodensauren Hochmooren z. B. Gagelstrauch, Glockenheide, Lorbeerrose, Moosbeere, Rasenbinsen, Schnabelbinse, Seggen, Sumpf-Porst, Sonnentau, Torfmoose, Wollgras – plus die auf diese wiederum spezialisierten Insekten und deren Prädatoren – ein insgesamt einzigartiges ökologisches Gefüge.

Geht der Torfabbau in dieser Geschwindigkeit weiter, werden wir wohl in nicht allzu ferner Zukunft keine Moore mehr haben und somit eines der artenreichsten Ökosysteme zerstört sein.

Regional hat Torfstich lange Tradition.

WER VERBRAUCHT DEN TORF?

Elf EU-Staaten bauen auf 120.000 Hektar Moorfläche (0,4 % der EU-Gesamtfläche an Mooren) jährlich rund 70 Mio. Kubikmeter Torf ab. Im deutschen Gartenbau werden etwa 10 Mio. Kubikmeter pro Jahr verbraucht: zwei Drittel im Erwerbsgartenbau und ein Drittel im Freizeitgartenbau. Zurzeit werden in Deutschland rund 4 Mio. Kubikmeter so genannter Hobbyerden verkauft. Etwa ein Viertel davon ist torffrei. Für torfreduzierte Substrate gilt: Im Schnitt liegt ihr Torfanteil deutlich unter 50 Volumenprozent. Bio-Erden sind nicht automatisch torffrei, achte auf die Deklaration auf der Verpackung.

CO_2-FREISETZUNG DURCH TORFABBAU

Geht man nun grob von einem CO_2-Äquivalent pro Kubikmeter Torf in Höhe von etwa 250 kg CO_2-eq/m³ aus und bezieht das auf einen handelsüblichen Substratbeutel (40 Liter) mit 50 % Torfanteil, dann resultiert aus dem Beutelinhalt durch Torfzersetzung während der Nutzungsdauer ein CO_2-Ausstoß von insgesamt 5 kg CO_2. Wie viel ist das? Ungefähr so viel, wie Du mit einem Kleinwagen mit sieben Liter pro 100 km Spritverbrauch ausstößt. Dazu brauchst Du vielleicht eine Viertelstunde. Die mikrobielle Torfzersetzung benötigt dazu, je nach Nutzungsart des Substrats, bis zu zehn Jahre. Hinzu kommt: Auch die organische Masse in torffreien Substraten setzt mit der Zeit das in ihr gespeicherte CO_2 wieder frei. So wie jedes Blatt, das vom Baum fällt, und wie jede tote Schnecke, die Du auf den Komposthaufen wirfst. Aus der Nummer, dass organische Masse bei ihrer Rückführung CO_2 freisetzt, kommen wir naturbedingt nicht raus.

UND JETZT?

Wir benötigen künftig intakte Hoch- und Niedermoorflächen, um nicht länger torfbürtiges CO_2 freizusetzen. Insofern ist die Verwendung von torffreien und -armen Gartensubstraten wichtig. Andere Stabilität, Wasserspeicherkapazität und Nährstoffführung macht den Anbau von Pflanzen in Torfersatzerden allerdings komplizierter zu handhaben.

Ein großer Impact wäre, wenn EU-Torf in betroffenen Ländern nicht länger als Brennstoff verheizt würde. Torfverzicht im Garten zur Verbesserung des eigenen CO2-Fußabdrucks wirkt am besten mit anderen Hebeln zusammen, wie weniger Verbrauch von Energie und Konsumgütern sowie dem Umbau der Böden zu humusreichen Kohlenstoffspeichern.

SELBSTGEMACHT

Vermenge in einer Mörtelwanne gründlich: 30 l Gartenerde, 20 l Kompost aus Grünschnitt, 5 l Lehm, 500 g Urgesteinsmehl. Unmittelbar vor der Anwendung gib 10 g pro Liter Erde Hornspäne hinzu. Zum Abmessen der Litermengen nimm einen 5- oder 10-Liter-Eimer. Fürs Gesteinsmehl und die Hornspäne Deine Küchenwaage. Du kannst selbst ergrabenen Lehm nehmen, den Du zerbröseln musst – oder Du löst ihn mit Wasser zu einer Schlämme. Am einfachsten verteilt sich Lehmpulver.

Wassermanagement – Kosten und Nutzen?

Wasser ist kostbar. Grund genug, damit im Sinne von Nachhaltigkeit, also Zukunftssicherung, sorgfältig umzugehen. Auch wenn es sich wenig gartenromantisch anhört: schon mal über Wassermanagement im Garten nachgedacht?

Essentials

FANGE NIEDERSCHLÄGE AUF, wenn sie anfallen, und nutze sie, wenn Du sie benötigst.

UNTERSTÜTZE BÖDEN in ihrer Wasserhaltekraft.

PFLANZEN GIESSEN ist das eine. Du kannst Zisternenwasser auch im Haushalt nutzen, als Grauwasser.

EINFACH REIN DAMIT?

Kleiner Schocker vorweg? Um ein Kilogramm Früchte wachsen zu lassen, hätte die Tomate neben ausreichend Futter gerne 500 Liter Wasser von dir. Schlechter Tausch – zwei Badewannen voll Wasser gegen gerade einmal ein Kilo Beeren, die ihrerseits ja zu über 90 % aus Wasser bestehen: 0,9 zu 500? Von der Anzucht der Tomate aus einem Samenkorn ab Mitte April bis zur Ernte der Früchte ab Mitte August braucht es im Freiland rund vier Monate. In der Endphase von Fruchtwachstum und -reife, zieht sich eine Tomatenpflanze je nach Wetter leicht einmal 3-5 l Wasser rein, täglich. Über 90 % davon verdunstet sie bald. Nutzt es bis dahin zur Nahrungsaufnahme aus dem Boden und für den internen Transport von allerlei Wasserlöslichem, zugleich zur Aufrechterhaltung ihres Zellinnendrucks – sonst würde sie welken. 0,9 zu 500, ein schlechter Wirkungsgrad? Du, als lediglich „Tomatendieb" der Pflanze, magst das so sehen. Die Pflanze „sieht" das anders: Für sie geht's bei 500 Liter Wasser nicht um Leckeres für Menschen, sondern um Lebensunterhalt insgesamt, Vermehrung inklusive.

Direktes Gießen, im geschützten Raum

NACHHALTIGE GRUNDAUSSTATTUNG

DÄCHER SIND WASSER-SAMMELSTATIONEN

Der Klimawandel macht einige Regionen hierzulande mal nasser, mal trockener, je nach Üppigkeit der jahreszeitlichen Niederschläge. Kommt zu viel Wasser, leitet man es inzwischen in Rückhaltekonstruktionen, z. B. Retentionsflächen auf Flachdächern. Von dort verdunstet es oder fließt langsam nach und nach ab. Um Oberflächenwasser zu bevorraten, verwendest Du – für kleinere Wassermengen – Fass-Systeme, für größere Mengen Zisternen unterschiedlichster Form und Größe. Die können in Hausnähe im Boden verschwinden, oder als flache, befahrbare Rechteckbehälter unter dem Pflaster einer Einfahrt.

Niederschläge werden in Millimeter pro Quadratmeter gemessen, das entspricht einem Liter pro Quadratmeter. 50.000 Liter kostenlos – so viel Oberflächenwasser kannst Du von einer 100 m² großen Dachfläche pro Jahr einfangen, wenn Deine Region 500 mm Niederschlag liefert. Niederschlagssummenkarten zeigen Dir, wie viel Schnee und Regen bei Dir fällt. So kannst Du planen, ob und in welcher Größe eine Zisterne für Dich ggf. Sinn macht.

WASSER MANAGEN

Denke Deine Wasserversorgung in Haus und Garten aus einem Guss: so z. B. eine Zisterne, die ggf. Grauwassernutzung für Waschmaschine und Toilette sowie die automatische Bewässerungsanlage. Entsprechend dimensioniere Deine Pumpe bzw. Dein Hauswasserwerk. Für beide gibt es längst App begleitete smarte Lösungen. Die Bewässerungsanlage ist Computer- oder ebenfalls App gesteuert und bedient von Kübel bis Beet und Kleingewächshaus.

Vom Dach ins Fass, vom Fass ins Beet

Über die Verwendung als Gießwasser im Garten hinaus, kannst Du gefiltertes Zisternenwasser auch als so genanntes Grauwasser nutzen, um z. B. Waschmaschine oder Toilettenspülung damit zu betreiben.

WICHTIGSTER WASSERSPEICHER

Von Natur aus speichern lehmige Böden Wasser besser als sandige. Versorge für eine bessere Speicherkapazität beide Bodenarten ca. 30–50 cm tief mit reichlich zerkleinerten, krautigen wie auch holzigen Pflanzenresten, um mit der Zeit einen humusreichen, feinkrümeligen, besser Wasser haltenden Gartenboden zu erzeugen und zu erhalten. Gib etwas Kalk hinzu; bei Sandböden arbeite Lehm oder Tonmineralien mit ein.

Wasser an die Wurzeln – aber wie?

Pflanzen effizient und nachhaltig gießen, geht das? Ja!
Und die richtige Technik trägt mit dazu bei, das für sie auch zu leisten.

Essentials

- **ERDE GLEICHMÄSSIG** feucht halten
- **SCHLAUCH** mit Wasserzähler verwenden
- **AUTOMATISCHE BEWÄSSERUNGSSYSTEME** können unterstützen.
- **VERWENDE** umgebungstemperiertes Wasser.
- **PUNKTGENAU**, aber rundum verteilt gießen
- **DIE BLÄTTER** und Blüten beim Gießen trocken halten.
- **SEHR FRÜH MORGENS** oder spät abends nach Ende der Tageshitze gießen.
- **TENDENZIELL SELTENER**, dann aber durchdringend gießen

WIE HILFT DIE TECHNIK BEIM NACHHALTIGEN GIESSEN?

Technik heißt übersetzt so viel wie: eine Art und Weise, Dinge umzusetzen. Speziell, kennt der professionelle Gartenbau sogar den Begriff Gießtechnik. Der beinhaltet zwar auch die zum Gießen erforderlichen technischen Gerätschaften, meint aber ebenso gut die Art und Weise, wie man Pflanzen so gießt, dass sie keinen Schaden nehmen. Aus Menschensicht bedeutet Gießen oft: ordentlich Wasser darüber leeren, fertig. Aus Pflanzensicht aber sieht es so aus: nicht zu viel, nicht zu wenig, gleichmäßig feucht halten, parallel dazu immer ausreichend Futter geben.

SCHLAUCH MIT WASSERZÄHLER

Gießt Du mit dem Schlauch, hast Du einen schlechten Überblick über die Wassermenge, die Du gießt. Abhilfe schafft ein Wasserzähler, der die Durchflussmenge Deines Gießgeräts ermittelt. Durch Beob-

Digitales, App gestütztes Gießmanagement

achtung der Pflanze lernst Du ihren Wasserbedarf kennen und nahezu litergenau zu bedienen. Faustregel: Für Wurzelraum durchdringende Wassermengen gib bei Bedarf pro Quadratmeter etwa zehn bis 20 Liter Wasser ein- bis zweimal die Woche. Schlauchwasser ist üblicherweise leitungskalt. Gießt Du bei warmem oder gar heißem Wetter kaltes Wasser an die Wurzeln Deiner Pflanzen in Balkonkästen, Kübeln oder Hochbeeten, erzeugt das

NACHHALTIGE GRUNDAUSSTATTUNG

Straight to the point: Pflanzgefäße mit Bewässerungsspeicher liefern Wasser und darin gelöste Nährstoffe direkt an die Wurzeln.

Das Ziel: Qualitätsgemüse aus eigener Erzeugung. Tropfschläuche sind zwar aus Kunststoff, ermöglichen aber den gezielten, sparsamen Gebrauch von Gießwasser.

GIESSKANNE

Hier kommt die Gießkanne ins Spiel. Nach dem Leeren gleich aufgefüllt und eine Weile stehen gelassen, hast Du darin stets umgebungstemperiertes Wasser zur Verfügung. Merke: Je kälter das Gießwasser, desto früher (besser) oder später am Tag gieße damit.

GEFÄSSE MIT WASSERSPEICHER

Willst Du Dich beim Gießen entlasten, verwende Pflanzgefäße mit Wasserspeicher. Dann ist es auch kein Problem, wenn Du mal ein paar Tage nicht da bist. Solche Gefäße versorgen Pflanzen generell gleichmäßiger mit Wasser – so, wie sie es eigentlich haben wollen.

AUTOMATISCHES BEWÄSSERUNGSSYSTEM

Willst Du Dich beim Gießen noch mehr entlasten, installiere ein automatisches Bewässerungssystem. Das sorgt für kontinuierliche Wasserversorgung Deiner Pflanzen, so wie es sein soll und wie Du es ansonsten nur selbst und bei regelmäßiger Verfügbarkeit leisten kannst. Die Systeme gibt es in zwei Varianten: Die eine arbeitet strikt nach Zeitschaltuhr, egal ob es schon geregnet hat, oder nicht. Die andere hat elektronische Bauteile, die die tatsächliche Bodenfeuchte erkennen und die Schleusen nur im wirklichen Bedarfsfall öffnen.

dort unmittelbar einen Kälteschock: die Pflanzen pumpen langsamer, während die Blätter der Wärme wegen nach weiterhin viel Nachschub verlangen. Dauerhaft solch falsches Gießen sorgt für Wachstumsstörungen.

Gartenbeleuchtung: Stimmungsmacher oder Insektenkiller?

Mal Sicherheit, mal Stimmung – Gartenlicht ist für den Menschen gemacht. Dumm nur, dass es zur Falle für Insekten werden kann. Von denen haben wir eh schon zu wenig, finden Blütenpflanzen und Vögel. Was machen wir denn da?

DIY trifft Gartenlicht: im kreativen Tun spiegelt sich das eigene Ich im Garten.

GARTENLICHT IST NICHT GLEICH GARTENLICHT

Gartenlicht? Welches Gartenlicht? Differenziere grundsätzlich zwischen zwei unterschiedlichen Lichttypen.

Beim Funktionalen geht es um alles Zweckmäßige, wie Erkennbarkeit und Sicherheit. Damit beleuchtest Du Wege und Treppenstufen laufsicher, führst mit seiner Hilfe zu Eingängen oder auch abseits gelegenen Gartenlocations wie Sitzplätzen, Gartenhäuschen oder auch zum Kompost. Mit ästhetischem Gartenlicht unterstreichst Du die Schönheit Deines Gartens, seiner Gestaltungen, Pflanzen und Einrichtungen und erzeugst Stimmungen. Du beleuchtest Gartenteich und Hauswand, Sträucher und Baumkronen, highlightest Gartenkunst und verzauberst die Gartenparty eindrucksvoll.

Das Grüne Wohnzimmer verlangt nach stimmungsvollem Ambiente.

Abgesehen von der Art des Lichtsystems und der Lampe (des Leuchtmittels) geht es auch um die Art des Lichts, das sie erzeugt.

NACHHALTIGE GRUNDAUSSTATTUNG

Essentials

VERWENDE LED mit geringer Beleuchtungsstärke (= kleinem Lumen-Wert).

NUTZE BESSER mehrere kleine Lampen in passendem Abstand zueinander, als eine große Lampe, die eine große Fläche ausleuchtet.

NUTZE GESCHIRMTE GEHÄUSE oder Reflektorleuchten, für wenig Streulicht nach oben und zur Seite.

NIMM WARMWEISSES LICHT unter 2.700, nicht über 3.000 Grad Kelvin

MONTIERE LEUCHTEN möglichst niedrig.

VERMEIDE DAUERLICHT

IM NORMALFALL ist es, bitte, nach spätestens 22 Uhr zappenduster.

Insektenschutz heißt: Farbtemperatur ...

... und niedrige Anbringung zu beachten.

LICHTSYSTEME

230 V-Lichtsysteme darf ausschließlich eine sachkundige Person wie ein Elektriker installieren und reparieren. Bei 12 V-Lichtsystemen darfst Du das selbst. LED (Light Emitting Diodes) sind die Leuchtmittel mit aktuell bester Lichtausbeute. Heißt: Für deren Licht wendest Du am wenigsten elektrische Leistung (in Watt) auf.

AUSGESCHALTET

Als Lichtsmog, auch Lichtverschmutzung, bezeichnet man die andauernde Abwesenheit völliger Dunkelheit. Für Menschen ist nächtliches Gartenlicht ganz nett, aber nachtaktive Tiere werden durch Lichtquellen, über Mond und Sterne hinaus, irritiert. Jeder kennt die Straßenlaternen von seinerzeit, um deren Lampen herum sich des Nachts hunderte von Schmetterlingen und Zweiflüglern stundenlang zu Tode „tanzten", bis sie buchstäblich erschöpft zu Boden fielen.

Funktionales Gartenlicht versehe mit einem Bewegungsmelder, dann leuchtet es nur bei Bedarf. Ästhetisches Gartenlicht schalte nur in der Zeitspanne ein, in der es benötigt wird. Solarleuchten etwa schaltet häufig ein Sensor (Dämmerungsschalter) ein. Danach leuchten sie nutzlos ihren Akku leer, oft die ganze Nacht lang: Lichtsmog pur. Ziehe daher Solarleuchten vor, die ein Bewegungsmelder ein- und ausschaltet.

LICHTFARBE – WORAUF INSEKTEN FLIEGEN

Achte bei der Art des von Dir verwendeten Gartenlichts auf die passende Lichtfarbe. Fachleute unterscheiden hierbei Warmweiß mit hohem Rotanteil des Lichtspektrums, Neutralweiß (weniger Rotanteil, mehr Orange und Gelb) sowie Tageslichtweiß (geringerer Rot-Orangeanteil, eher weißlich-bläulich). Je roter das Licht, desto wärmer wirkt es auf Menschen. Je weniger rot, desto sachlicher und kühler. Die Lichtfarbe wird in Grad Kelvin gemessen, als so genannte Farbtemperatur. Insekten fliegen auf kaltes Licht.

Fast 4.000 heimische Schmetterlingsarten gibt es. Von denen fliegen aber fast 3.800 in der Nacht!

Sonnenschutz: Segel oder Schattenbaum?

Die Anzahl der jährlichen Sonnenstunden in unseren Breiten hat im Durchschnitt der letzten Jahre zugenommen. Schatten im Garten wird künftig mehr denn je gefragt sein. Sonnenschirm und -segel sind dann das eine. Schattenspender-Baum und -Hecke das andere. Welche Variante aber ist die nachhaltigere?

Essentials

SONNENSEGEL bieten einfachen, Schattenbäume und -hecken mehrfachen Nutzen

PFLANZE SCHATTENBÄUME SO, dass ihre Krone unter dem wechselnden Sonnenstand tatsächlich dort schattiert, wo es darauf ankommt.

ZUKUNFTSBAUMLISTEN geben Dir Vorschläge zur Pflanzung von klimaresilienten Baumarten und deren Sorten.

BETUCHTE VARIANTEN

Schaffst Du Dir Schatten mithilfe von Schirmen, Sonnensegeln oder Markisen, so gilt es auch hier, die „R's" der Nachhaltigkeit (siehe Seite 9) im Hinterkopf zu behalten. Wähle tunlichst Element und Ausführung so, dass sie eine möglichst lange Nutzungsdauer versprechen. Diese Gartenaccessoires unterliegen Moden und Trends. Es kann also bei langer Nutzungsdauer passieren, dass Du später etwas Oldstyle in Kauf nehmen musst. Achte auf Haltbarkeit, so dass die Bauteile Deines Sonnenschutzes im Falle des Falles reparierfähig und letztlich recycelfähig sind. Gibt der Hersteller Garantien, auch später noch Ersatzteile oder gar einen Kundendienst zu bekommen?

SCHATTENBÄUME

Bäume und hohe Hecken sind Schattenspender mit Zusatznutzen, den Sonnensegel & Co nicht bieten. Sie verdunsten kühlenden Wasserdampf und binden CO_2. Beachte aber vor dem Pflanzen folgende

Sonnensegel sind funktional, aber der …

NACHHALTIGE GRUNDAUSSTATTUNG

Vorbehaltlich des Gesagten, sind Walnüsse gern gepflanzte Schattenspender, weil sie ein luftfeucht-kühles Kleinklima fördern, was wiederum Mücken zurückweist. Beides angenehm am Sitzplatz.

DAS KLEINE KLIMA

Infolge der Klimaveränderung mit ihren erhöhten Lufttemperaturen werden Städte immer häufiger zu Hitzeinseln: Ihre Aufheizung kann im Sommer 8–10 °C höher als die Umlandtemperatur liegen. Die Klima-Arten-Matrix für Stadtbaumarten und -Sträucher (KLAM Stadt) stellt Trockenheitstoleranz und Winterhärte von Gehölzen zueinander ins Verhältnis und gibt Verwendungsempfehlungen für Stadtgehölze. Diese findest Du in so genannten Zukunftsbaumlisten. Durch ihre Schattier- und Verdunstungsleistung kommt Bäumen im Wohn- und Arbeitsumfeld eine wachsend wichtige Bedeutung zu. Eine hundertjährige Buche verdunstet mit ihren ca. 1.200 m² Blattfläche an einem Sommertag rund 400 Liter Wasser, filtert Feinstaub, verarbeitet 18 kg CO_2 und erzeugt 13 kg O_2.

... luftige Gehölzschatten ist ein Genuss.

Punkte: Deren Wurzeln sollen nicht in Rohre und Ringdrainagen Deines Hauses eindringen können (besondere Vorsicht ist hier bei Weiden und Rosskastanien geboten). Blütenbäume sind, der Insekten zuliebe, vorzuziehen. Bedenke aber die Ko-Faktoren Blütenstaub (Stichworte: Pollenallergie, Gartenmöbel, Fenster, Gartenteich), herabfallende Blütenblätter und Früchte (Flecken, ggf. Wespen) und Falllaub (Menge, Entsorgungsaufwand; Eichen- und Walnusslaub verrottet nur langsam).

PASST DAS NOCH?

Weil Schatten in unseren Breiten neben und nicht unter den Baum fällt, muss er in einigem Abstand zur gewünschten Schattenfläche gepflanzt werden, um wirksam zu werden. In kleinen Gärten ist das möglicherweise eine Herausforderung: Laut Nachbarschaftsrecht muss eine Pflanze mit über 2 m Höhe einen Grenzabstand von 4 m wahren. Gilt auch für Hecken, die Schatten spenden sollen. Erkundige Dich bei Deiner Kommune nach dem in Deinem Bundesland geltenden Nachbarschaftsrecht und Pflichtabstand.

Elektro-, Gas- oder Holzkohlegrill?

Egal, ob Grillhitze aus Strom, Gas, Holzkohle oder sonst was erzeugt wurde? Welche Hitzequelle ist die nachhaltigste? Nutzt Du regenerativ erzeugten Strom, spricht das für die Verwendung eines Elektrogrills, der mit weiteren Vorteilen punktet, wie Handlichkeit und Schnelligkeit.

Essentials

WICHTIGSTER NACHHALTIGKEITSASPEKT beim Grillen: Was kommt auf den Rost?

GAS ist eine CO_2 einsparende Grill-Energie.

NUTZT DU HOLZKOHLE, achte darauf, woher sie stammt und wie sie zertifiziert ist.

HOLZKOHLE HAT IHREN (HEIZ)WERT, es kommen inzwischen Alternativen auf den Markt.

Geselliges Grillen geht auch mit weniger Fleisch und mehr Gemüse. Aber auf welchem Grill am besten?

GIB GAS!

Wie ein Gasgrill auch, gart der Elektrogrill sozialverträglich rauchfrei, zur Freude der Nachbarschaft. Vergleicht man Gas- mit Holzkohlegrills, so eine Studie der Schweizer Umweltberatung „Atlantic Consulting" (2009), erzeugt eine Grillsession (eine Stunde, 2 kg Grillgut) mit dem Holzkohlegrill 6,7 kg CO_2, mit dem Gasgrill 2,3 kg. Der frappierende Unterschied liegt vor allem an der CO_2-trächtigen Herstellung von Holzkohle, die in der Gesamtbetrachtung mit bereits 3 kg zu Buche schlägt (Gas nur 0,12 kg).

NACHHALTIGE GRUNDAUSSTATTUNG

SCHWER VERDAULICH

Für rund 40 % der Deutschen gehört das Grillen zu den Outdoor-Vergnügungen mit dazu. Grillbegeisterte tun es im Schnitt alle 14 Tage.
Schweinefleisch (-), Geflügel (+) und Gemüse (++) sind derzeit die drei Topgenüsse der Grillfreunde. Gefolgt von Rindfleisch (++), Grillkäse (+++), Kartoffeln (+), Fisch (+), Lamm (+) und veganen bzw. vegetarischen Grillzubereitungen (+). In Klammern: die momentane (2023) Tendenz der Verwendung. Greifst Du hier das beliebte Rindfleisch heraus, kennt nahezu ein jeder inzwischen die dazugehörige Faustzahl: Die Erzeugung eines Kilogramms Rindfleisch entspricht einem CO_2e (Kohlendioxid-Äquivalent) von rund 15 kg CO_2e. Verglichen mit dem CO_2-Ausstoß von Grillholzkohle, mehr als das Doppelte. Das Learning: Meist mehr noch die Auswahl des Grillgutes als die der Hitzequelle, entscheidet beim Grillen darüber, wie klimafreundlich und nachhaltig Du bei Deiner Grillparty unterwegs bist.

Grillglut aus Rebenholz

Woher stammt die Hitze? Zur Holzkohle gibt es upgecycelte Alternativen.

FEUER & FLAMME FÜR ALTERNATIVEN?

Für Holzkohle gilt: Briketts sind ergiebiger als Holzkohle. Import-Holzkohle kommt häufig über die Verarbeitung in Polen, nicht selten aus Südamerika und kann Tropenholz enthalten. Sinnvoll ist die Nutzung von solchen Produkten aus heimischer Buche, erkennbar am Naturland-Siegel. Wenn Du Holzkohle verwenden möchtest, sind FSC- oder WWF-Siegel Wegweiser zu selektierter Produktauswahl. Mit beiden gelabelt, gibt es Holzkohle auch aus Namibia. Hört sich schräg an, stammt aber aus Abholzungen, die dort die ungewünschte Verbuschung der Savanne zu verhindern hilft.
Es mehren sich im Markt Angebote, die Verwendung von Holzkohle zu reduzieren. Grillpellets werden aus sortenreinem Holz erzeugt (z. B. Kirsche, Buche), also nicht aus Mischholzabfällen, wie Heizpellets. Olivenkernbriketts aus Olivenrester (z. B. OlioBrics) sind eine Alternative, sofern sie ohne Braunkohle oder Teer als Bindemittel erzeugt wurden. Weinrebenprodukte (z. B. RebenGlut) verwerten das Schnittholz aus dem Weinberg. Kokosbriketts brennen klasse, müssen aber von der anderen Seite der Erdkugel hierher geholt werden und können grillunfreundliche Bindemittel enthalten. Und sie entstammen möglicherweise von Kokospalmen aus Monokultur versus Tropenwald. Achte also auf Herkunft und Zusammensetzung der Briketts – und aller anderen Hitzespender für Deinen Holzkohlegrill.

Pflanzen – grow your own

Grün im Garten, Erde an den Fingern. Vielfalt fördern. Das Wachsen begleiten. Vorfreude auf die Ernte. Und dann, endlich: vom Garten ab, auf die Gabel. Alles ganz easy? Was aber tun, wenn …? Entspannt bleiben, das richtige tun. Damit die Freude am Grün im Garten lange nachhält. Am besten auf Dauer.

Vielfalt oder nur Versorgung?

Obst, Gemüse, Pilze, Kräuter und Blumen anzubauen, bedeutet in der Regel die Konzentration auf das Wesentliche: den besten Ertrag, bei effizientestem Aufwand. Kommt aber Selbstversorgung wirklich ohne Seitenblicke aus?

Essentials

ERHALTE DIR Deine Leidenschaft fürs Grüne.

TEILE NÜTZLICHKEIT und Neugierde jeweils ihrem Platz in Deinem Garten zu, damit sie immer zeitgleich stattfinden.

PROBIERE FORTLAUFEND NEUES AUS Verwerfe, was sich als nicht passend erweist, und etabliere hingegen in Deinem Garten, was ihn und Dich bereichert.

WIE GÄRTNERN?

Wo die Versorgung des Nutzgartens unter Zeitdruck geschieht, sind Konzentration und Effizienz gefragt. Das ist zugleich die Stunde besonders effektiver Kulturtechniken, wie der Erntezeitverfrühung und -verlängerung durch den Einsatz von Vliesen, Folien und Gewächshäusern. Es kommen besonders flächenproduktive Anbauformen zum Tragen, wie Hügelbeet, Mischkultur und die umsichtige Permakultur mit ihrem wachsamen Blick auf ökologische Zusammenhänge. Gerade sie will das natürliche Beziehungsgeflecht zwischen Pflanze, Tier und Mensch durch *Homo horticus*, den Gartenmenschen, langfristig nutzbringend, aber eben auch fair und nachhaltig, sprich „enkelfähig" gestalten. Aber Moment mal, kommt bei all solcher Konzentration auf die Kombination von Flächennutzung und Ernteerfolg nicht die verspielte Freude am Gärtnern zu kurz?

Konzentration: Anbau im Kleingewächshaus

FIRST THINGS FIRST

Das eine tun, das andere nicht lassen, so lautet die Lösung. So lässt sich der Garten, egal wie klein er auch sein mag, in einen größeren ertragsstarken und in einen kleineren experimentierfreudigeren Part unterteilen. Selbst in einem Hochbeet mit seiner nur geringen Fläche lässt sich eine kleine zusätzliche Neugierde einbauen, und sei sie auch

PFLANZEN – GROW YOUR OWN

Kreativität: Lustvolles Gärtnern trägt die Leidenschaft daran in die Zukunft.

Süßkartoffelernte im Garten

nur eine einzige Pflanze groß. Immer stolpert man beim Gärtner, auf der Pflanzentauschbörse oder im Onlineshop über eine Art oder Sorte, die aufhorchen lässt: Tomate ‚Rubilicious'? Was ist das denn – kenne ich ja noch gar nicht? Ist das Interesse geweckt, gilt: ausprobieren! Was das mit Nachhaltigkeit zu tun hat? Ganz einfach: Es sichert die Zukunft der eigenen Gartenfreude. Immer nur Pflichtprogramm im Garten ließe die Lust an ihm schnell zum Strohfeuer werden, wenn der beschwerliche Teil der Gartenarbeit sich mühsam hinzieht. Ist man erst einmal ausgebrannt, droht der Garten zur Last zu werden. Wie rappelt man sich dann wieder auf? Durch Neugierde. Wem die Freude an Pflanzen und am Garten zu eigen ist, der findet auf diesem Wege immer wieder in die Gartenfreude zurück. Und genau deswegen trägt es immer wieder aufs Neue in die Zukunft des eigenen Gartens, neben dem Pflichtprogramm zielgerichteter Pflanzenkultur stets auch jene Verspieltheit zu pflegen, die der Freude am eigenen Garten zutiefst zu eigen ist.

KENNST DU DIE ABC-TECHNIK?

Sie erleichtert es Dir, die Verknüpfung von Pflicht und Kür im Garten ebenso kreativ wie konstruktiv miteinander zu verbinden. Der A-Bereich des Gartens ist derjenige, in dem strikt die „Brot und Butter"-Pflanzen erzeugt werden. Im C-Bereich haben die Gartenneulinge ihr Entree, wo sie unter Beobachtung stehen und Du erste Erfahrungen mit ihnen machst. Bewähren sie sich nicht, fliegen sie aus dem Programm. Haben sie das Zeug zu mehr, sind sie z. B. ein heimlicher Küchen- oder auch Vasenliebling, werden sie in den B-Bereich befördert, wo ihr Anbau intensiviert wird. Erweisen sie sich dort als unverzichtbar, bekommen sie ihren festen, zukunftssicheren Platz im A-Bereich.

Alte oder doch lieber neue Sorten?

Sorten sind die feinstverästelten Ausprägungen einer Pflanzenart. Was aber davon ist besser gartentauglich – das Altbewährte oder das immer wieder Neue? Tragen alte oder doch besser neue Sorten in die Zukunft?

Essentials

WERTSCHÄTZE ALTE SORTEN dort, wo ihre Sorteneigenschaften ihren Erhalt wert sind.

BETEILIGE DICH möglicherweise an Sortenerhaltungsprogrammen entsprechender Organisationen und Freundeskreise, indem auch Du das Saatgut alter Sorten vermehrst.

NUTZE NEUE SORTEN DORT, wo sie eine Verbesserung der Anbauwürdigkeit, der Pflanzengesundheit, der Anbauqualität und dergleichen mehr bedeuten.

'Rubilicious': blattgesunde neue Sorte

Alte Tomatensorte: Ochsenherzen

DIE ALTEN

Der Mensch hat von seinen Nutzpflanzen schon immer diejenigen weitervermehrt, die ihm besonders nützlich oder attraktiv waren. Speziell diejenigen, die „samenecht" waren, also bei der Aussaat die Mutterpflanze wiederholten und nicht in partielle Eigenschaften ihrer Eltern aufspalteten. Laut Saatgutverkehrsgesetz dürfen solche „alten Sorten" offiziell nicht gehandelt, wohl aber getauscht und verschenkt werden. Daher findet man sie nicht im Gartenfachhandel. Vorteil alter Sorten ist häufig ihre besondere Anpassung an die Wachstumsbedingungen ihrer Herkunft. Sie sind daher mitunter sehr robust und im Anbau gelingsicher. Deswegen ist der Erhalt ihrer Genetik so wichtig, um sie erforderlichenfalls verfügbar zu halten, wenn bestimmte alte Sorteneigenschaften künftig in der Pflan-

PFLANZEN – GROW YOUR OWN

zenzüchtung benötigt werden würden. Etwa, um im Zuge des Klimawandels hitzeverträglichere und strahlungsfestere Sorten von Nahrungspflanzen zu züchten.

DIE NEUEN

Moderne Sorten nutzen oft eine Eigenschaft der Genetik, den Heterosis-Effekt. Pflanzen, die diesen Effekt zeigen, die so genannten F1-Hybriden (benannt nach der F1-Generation, also der ersten Filial- oder Tochtergeneration), sind in ihren herausgezüchteten Eigenschaften weitaus leistungsstärker als ihre Elternsorten. Solche Eigenschaften können ganz unterschiedlich sein, z. B. gleichmäßigere Form und Farbe der Früchte, Fruchtgröße, Kopfgröße bei Kohl, Erntemenge bei Blattgemüsen, Toleranzen oder gar Resistenzen gegen Krankheiten (wie Krautfäule bei Tomaten) oder Schädlinge (Blattlaus resistente Salate). Bei neuen Sorten wurden ungewünschte Eigenschaften der alten oft weggezüchtet, wie die Fäden der Bohnen oder das Bittere von Gurken.

DIE ABWÄGUNG

Der Erhalt alter Sorten bzw. deren genetische Potenziale für die Zukunft gelingt resilienter, wenn samenfeste Sorten (die also nicht in Unterschiedlichkeiten aufspalten, sondern immer aufs Neue die Sorte reproduzieren) von jedermann vermehrt werden können – und viele das auch tun. Willst Du Teil einer solchen Nachhaltigkeitsstrategie sein, dann schließe Dich dem (Freundes)Kreis solcher Saatgutvermehrer an. Demgegenüber haben auch F1-Hybriden ihre Bedeutung für den großflächigen Anbau: Sie machen Ertragssicherheit durch z. B. die Züchtung gesünderer Sorten zukunftssicherer. In der Landwirtschaft kann das zu ungewollter weltweiter Abhängigkeit von Züchterkonzernen führen.
Ob Du Dich für alte oder neue Sorten entscheidest: Achte bei ihrer Beschaffung mit darauf, wie und wo sie unter welchen Bedingungen produziert und vermarktet werden. Es gibt Erzeuger, die sich auf Saatguterzeugung nach Bio- oder Demeter-Richtlinien spezialisiert haben. Es gibt leistungsstarke Saatgutanbieter die teils bundesweit, teils regional vermarkten. Förderungswürdig sind auch Kleinstbetriebe unter den Saatgutlieferanten, die sich mit großer Leidenschaft bestimmten Pflanzen-Themengebieten widmen. Sie sind nur dann wirtschaftlich zukunftssicher, wenn ihr Angebot auch genutzt wird.

Tomatenvielfalt: pure Lust am Sammeln

SCHATZKISTEN FÜR SORTENFREUNDE

Ahornblatt-Pflanzenvielfalt, Arche Noah und ProSpecieRara: Sie alle bewahren das genetische Potenzial alter Sorten und Typen verschiedener Kulturpflanzen.
Der Erhaltung alter Haustierrassen haben sich darüber hinaus verschrieben: Arche Austria, ELBARN, GEH und VIEH.
Siehe zudem: Arca-Net, Fruit-Net, Fundus Agri-Cultura Alpina, SAVE Foundation, Wildobst.Info

Pflanzenauswahl: wachsen lassen statt pflegen müssen?

Wenig Aufwand betreiben zu müssen, hört sich nach Ressourcen einsparen an – und damit positiv. Tatsächlich kannst Du mit der passenden Pflanzenauswahl schon frühzeitig Richtungen vorgeben, ob Du Dich in Deinem Garten später mehr oder weniger abplagen wirst.

Essentials

EINFACH MAL LOSLEGEN, danach sortiert sich in der Anwendungspraxis alles Weitere recht schnell.

LASS DICH ANFANGS neben den Machbarkeiten auch von Deinen Sinnen leiten. Weil Leidenschaft vieles möglich macht, Zeit, Kräfte und die Bereitschaft zu erforderlichem Aufwand mobilisiert.

SIEH IN DEINEM TAGES-, spätestens Wochenplan Zeit für zumindest einen Gartenrundgang und den damit verbundenen Gartengenuss vor.

ZIERGARTEN ODER GEMÜSEGARTEN?

Grob macht ein Ziergarten vergleichsweise weniger Arbeit als ein Gemüsegarten. Weil Gemüsebeete mit schnell wachsenden, sich häufig ändernden Pflanzen bestückt sind. Da musst Du entsprechend präsent sein. Andererseits, hast Du erst einmal Deine Leidenschaft für eine bestimmte Pflanzengruppe entdeckt, egal, ob Kräuter oder Rosen, Gräser oder Stauden, what so ever, dann wirst Du Dich hineinknien wollen. Es wird Deine Sammelleidenschaft greifen und Du wirst gerne und viel Zeit mit Deinen best buddies verbringen wollen – grüne Kumpels eben. Sieh Deinen Garten also nicht allzu sehr mit dem Auge „Aufwand" an, sondern auch mit dem Blick der Begeisterung. Dann wäge ab, was in welchem Maße für Dich Sinn macht.

Mischen possible: Wuchshöhen, Blattformen und -farben, Blühfenster, Blütenfarben

PFLANZEN – GROW YOUR OWN

Kräuter und Gemüse, optisch ausgeklügelt auf einem Beet miteinander vereint

Topinambur wächst wie von allein, blüht hübsch und liefert leckere Knollen.

PFLANZENPFLEGE IST WIE BEZIEHUNGSPFLEGE

Obacht! Sich nicht kümmern zu müssen, hat übrigens eine Kehrseite: nicht in Kontakt zu kommen. Dann wird, was Du anfangs mit Leidenschaft begonnen hast, allzu leicht von den Anforderungen des Alltags an Dich überwuchert. Gib also acht, dass Du mit Deinem Garten und seinen Pflanzen in Kontakt bleibst. Verpasse nicht das Keimen und Wachsen, das Blühen und Fruchten, die Tages- und Jahreszeiten, die Entspannung und Gelassenheit – und das, was all das mit Dir macht.

MACH'S DIR LEICHTER

Folge den Empfehlungen Deines Gärtners und bepflanze Deine Flächen im Ziergarten hinreichend dicht, damit sie nach zwei Jahren einen Bestand bilden und Du wenig freie Fläche offen hältst, die Du pflegen musst. Mulche die Beete bis dahin. Achte von Gemüse über Obst bis Rosen & Co auf Pflanzensorten, die tolerant oder sogar resistent gegen Schädlinge oder Krankheiten sind. Beim Obst und Gemüse findest Du Angaben dazu auf Etikett oder Samentüte. Bei Rosen achte auf das Label „ADR-Rose". Lass Dich bei Deinem Gärtner zu Gehölz- und Staudensortimenten beraten, die besonders trockenheitsverträglich sind. Plane in Beeten ggf. eine Bewässerungsanlage mit ein, die Du an Deine Zisterne anschließt.

NUTZEN IM VORÜBERGEHEN

Mit dem Nutzen ist es so eine Sache – wie die Schönheit, liegt auch er im Auge des Betrachters. Riechen, Hören, Sehen, Fühlen – alles Sinnennutzen im Garten. Dann auch noch naschen zu können, ist für viele das höchste der Gartengefühle. Als Beispiele für viele weitere hier einige Pflanzen, die Du extensiv, ohne großen Aufwand, im Garten wachsen lassen kannst. Die Du aber zur rechten Zeit immer wieder beernten und benaschen kannst: Baumspinat (junge Blätter und Triebspitzen wie Spinat zubereiten), Erdbirne (alle zwei Jahre die Knollen ernten und garen, Maronengeschmack), Erdmandel (die Knöllchen roh, gegart oder zum Backen verwenden, Mandel-Nuss-Geschmack), Ewiger Kohl (junge Blätter, gegart), Funkie „Urui" (junge Sprosse gegart, Blütenblätter roh), Guter Heinrich (junge Blätter und Triebspitzen wie Spinat zubereiten), Kaukasischer Rankspinat (junge Triebe und Blätter, roh oder gedünstet), Stauden-Aralie (Udo, gebleichte Frühlingssprossen blanchieren), Taglilie (junge Stiele und Blätter gegart, Blütenblätter, roh), Topinambur (jährlich die Knollen), Winterheckzwiebel (ganzjährig frisches Zwiebelgrün), Gewürzbäume wie Gewürzsumach, Strauchmelde und Toona, der Chinesische Gemüsebaum.

Bodenfeuchte – fördern oder verschwenden?

Wasser wird immer kostbarer. Muss man sich deswegen beim Anbau von Pflanzen im Garten nun mehr und mehr einschränken? Droht gar das Ende von Gurke, Paprika, Tomate, Zucchini und dergleichen mehr im Garten?

Essentials

NUTZE TROCKENHEITS-LIEBENDE Pflanzen dort, wo Du weniger gießen willst.

SCHAU WAS DU WANN ANBAUST, um zusätzlichen Wasserbedarf schmal zu halten.

NUTZE DIE GENANNTEN HACKS, um mit dem kostbaren Wasser sparsam umzugehen.

SCHLUCKSPECHTE UND TROCKENKÜNSTLER

Warum eigentlich benötigen unterschiedliche Gartenpflanzen unterschiedlich viel Wasser? Weil sie von Wildarten abstammen, die schon zu jener Zeit auf unterschiedliche Standorte spezialisiert waren! Einige auf trockenere, einige auf feuchtere.

Sommerflieder verträgt Trockenheit.

Hinzu kommt, dass das was wir von ihnen ernten, unterschiedlich viel Wasser enthält – vergleiche mal würzende Dillsamen und durststillende Wassermelone. Heißt also: Je nach dem für welche Pflanzen im Garten Du Dich entscheidest, wirst Du speziell im Ziergarten immer welche finden, die es feuchter oder trockener mögen.

VON ANFANG AN DAS RICHTIGE PFLANZEN

Setze im Ziergarten möglichenfalls auf Pflanzen, die Trockenheit gut vertragen. Dort sind das z. B.: Baumhasel, Schmalblättrige Berberitze, Blasenbaum, Blasenstrauch, Blauraute, Erbsenstrauch, Feuer-Ahorn, Kahle Felsenbirne, Ginster, Goldregen, Johanniskraut, Jungfernrebe, Purgier-Kreuzdorn, Lavendel, Hochwachsende

PFLANZEN – GROW YOUR OWN

Lavendel blüht im heißen Hochsommer.

Mulchen hält den Boden feuchter.

Scheinquitte, Sommerflieder, Trompetenwinde, die Wildrosenarten wie Bibernellrose, Kartoffelrose und Schottische Weinrose sowie der hübsche Sargents Zierapfel. Unter den Nadelgehölzen sind es z. B. Latschenkiefern und Wacholdersorten.
Im Nutzgarten aber ist die Spreizung zwischen wasserintensiven und wasserextensiven Kulturen nicht so riesig. Gemüsepflanzen wollen in aller Regel querbeet die gleichmäßige, ausreichende Feuchte. Auch Obstgehölze sind so gestrickt. Auch, wenn unter ihnen Brombeeren und fest eingewurzelte Tafeltrauben mit Trockenheit durchaus zurechtkommen sowie Mandeln und Zwetschgen mit ihr tendenziell besser als anderes Gartenobst umgehen können. Im Gemüsegarten führt unzureichende Feuchte zu Kümmerwuchs und -ertrag. Gemüse in Trockenstress neigt dazu, in Notblüte zu gehen. Bekommen z. B. Tomaten oder Kohlrabi nach einer deutlichen Trockenphase plötzlich wieder viel Wasser, saugen sie sich damit gierig voll – und platzen.

DU KANNST DA WAS MACHEN

Sorge für einen humusreichen, lockeren Gartenboden, denn der ist das wohl wirksamste Wasserreservoir. Zudem sorgt er länger als humusarme Böden für optimale Wasserführung. Sorge über dem Boden für ausreichend dichten Bewuchs mit geschlossenem Blätterdach, damit austrocknende Einflüsse (Sonne und Wind) nicht bis an den Boden herankommen. Gieße erforderlichenfalls ausreichend, aber zurückhaltend. Erziehe Deine Pflanzen nicht zu „Säufern", indem Du sie zu oft und üppig gießt. So regst Du die Pflanzenwurzeln dazu an, auf Wassersuche zu gehen, was ihr Wurzelwerk stärkt. Hacke den Beetboden nach Regen (sofern Flachwurzler nicht dagegensprechen), dann bleibt er länger feucht. Bedecke den Boden mit einer 3–5 cm dicken Mulchschicht wie Holzhäcksel oder Rindenkompost. Wahlweise mit Mulchmaterialien wie gehäckseltem Heckenschnitt, Rasenmähgut (das aber frei von Gras- bzw. Unkrautsamen sein muss!), Rohkompost, Mulchplatten und Mulchmatten aus organischem Material. Ziehe Gemüse und Kräuter im Kleingewächshaus oder Frühbeet vor, das verkürzt deren Kulturzeit und damit ihren Wasserbedarf. Ernte zum optimalen Zeitpunkt und vermeide so zu lange Standzeiten von Pflanzen im Beet.

Legst Du die Anbauzeit von frühen Kräutern und Gemüsen, wie Kerbel und Stielmus bzw. Frühsorten von Rettich, Radieschen, Salat etc., im Gartenjahr frühestmöglich, die Kultur von deren Herbstsorten hingegen spätestmöglich, dann reduziert sich dadurch generell ihr zusätzlicher Wasserbedarf.

Jeder für sich – oder „Mischen possible"?

Klassischerweise steht jeder angebaute Pflanzensatz separat auf seinem Beet. Das hat praktische Gründe. Seit man aber um das Wechselspiel von Pflanzen untereinander weiß, ist es nicht zukunftsträchtiger, das auszunutzen?

Essentials

STATT EINFACH DRAUF LOS ZU PFLANZEN und zu säen, nutze besser die Vorteile einer Abfolge von Vor-, Früh-, Haupt- und Nachkultur.

MISCHE DIE PFLANZEN SO, dass ihr Nebeneinander zum Vorteil des Miteinander wird.

ZIEHE IN DEINE ANBAUPLANUNGEN auch die Notwendigkeiten des Nacheinander mit ein – die Vorgaben der Fruchtfolge.

MUNTERES MITEINANDER

Jede Pflanze im Beet benötigt zum Wachsen Freiraum, sei es über der Erde, sei es darunter. In der Natur wachsen Pflanzen aber auch unterschiedlichst kombiniert, zumeist in Konkurrenz zueinander. Hier setzen Mischkultur und Fruchtwechsel an. Mischkultur betrachtet, welche Pflanzenkombinationen zur gleichen Zeit im Beet einander förderlich oder hinderlich sind. Der Fruchtwechsel berücksichtigt dasselbe in zeitlicher Abfolge.
Mischkultur dreht gleichsam den Spieß um: Aus der Konkurrenz von Pflanzen um Platz, Wasser, Nährstoffe, Licht gestaltet sie geschickt ein Miteinander so, dass jede Pflanze zu ihrem Optimum findet. Alle zusammen aber durch Mischkultur bzw. Fruchtwechsel einen möglichst optimalen Ertrag erwirtschaften.

Ringelblume trifft essbaren Zierkohl.

MISCHKULTUR-TIPPS

Mischkulturen kannst Du reihenweise, aber auch in freien Formen anbauen. Kannst also Blumen, Gemüse und Kräuter optisch ansprechend kombinieren. Zum Beispiel Zierkohl (der ist essbar!) mit Zierpflanzen. Nebenvorteil: Je attraktiver Du das Nahrungsangebot für Bienen, Hum-

PFLANZEN – GROW YOUR OWN

Mischkulturen mit Lauch und Möhren.

meln und andere Bestäuber im Garten gestaltest, desto besser. So locken Insektenfutterpflanzen wie Löwenmäulchen Hummeln als Bestäuber für z. B. Aubergine, Bohne, Gurke, Paprika, Tomate an. Kombiniere aber keine Starkzehrer (wie Kopfkohl, Kürbis, Rhabarber, Sonnenblumen, Liebstöckel, Tomaten) mit Schwachzehrern (wie Bohnen, Bohnenkraut, Feldsalat, Petersilie, Rukola). Kombiniere für ganzjährig optimale Beetausnutzung Vorkultur, Frühkultur, Hauptkultur, Nachkultur.

STARKE PARTNER

Einige Pflanzenarten wachsen gerne nebeneinander, andere halten lieber Abstand zueinander. Einer der Gründe: die Allelopathie. Dabei geben Pflanzen aktiv Stoffe in den Boden ab, die z. B. konkurrierende Wurzeln von Nachbarpflanzen auf Abstand halten. Welche z. B. Gemüsepflanzen in der Mischkultur zueinander passen und welche eher nicht, findest Du in so genannten Mischkulturtabellen. Ungern beieinander wachsen Tomaten und Gurken oder Erdbeeren, diese wiederum sollten nicht neben Kohl stehen. Auch vertragen sich nicht Petersilie und Schnittlauch direkt nebeneinander. Gerne stehen im Beet z. B. Bohnen neben Erdbeeren, Gurken, Möhren, Mangold und Rettich. Ebenso, wie Salat es gern neben Stangenbohnen, Tomaten, Zwiebeln, Rettich und Roter Bete mag.

FRUCHTWECHSELTIPPS

Pflanze dort, wo unlängst Steinobst stand, Steinobst nicht nach (Aprikose, Kirsche, Mirabelle, Nektarine, Pfirsich, Pflaume, Reneklode, Zwetschge). Das gleiche gilt für Kernobst (Apfel, Birne, Quitte). Setze also Kernobst nach Steinobst und umgekehrt.

Starte auf einem Beet mit dem Anbau von Starkzehrern (s.o.). Ein Jahr später folgen Mittelzehrer (wie Salat, Endivie, Erdbeeren, Radieschen, Rettich, Rote Bete, Mangold, Spinat, Pastinaken, Kohlrabi), danach Schwachzehrer (s.o.). Dann kommt jede nachfolgende Pflanzengruppe mit der Beetsituation zurecht, die die Vorjahreskultur hinterlassen hat. Zusatzdüngung ist aber trotzdem wichtig.

Baue Pflanzenarten nicht nach sich selbst an. Auch nicht Mitglieder derselben Pflanzenfamilie (siehe Tabelle unten). Sonst drohen womöglich Probleme mit Pflanzenernährung und Krankheiten.

Pflanzenfamilien mit Vertretern

Pflanzenfamilie	Familienmitglieder (Beispiele)
BALDRIANGEWÄCHSE	Feldsalat
DOLDENBLÜTLER	Dill, Fenchel, Möhre, Petersilie, Sellerie
GÄNSEFUSSGEWÄCHSE	Mangold, Rote Rübe, Spinat
KORBBLÜTLER	Artischocke, Chicorée, Endivie, Kopfsalat, Pflücksalat, Topinambur, Schnittsalat, Schwarzwurzel
KREUZBLÜTLER	alle Kohlarten (Kopfkohl, Blattkohl, Kohlrabi), Kresse, Radieschen, Rettich
KÜRBISGEWÄCHSE	Gurke, Kürbis, Melone, Zucchini
LILIENGEWÄCHSE	Knoblauch, Porree, Schnittlauch, Zwiebel
NACHTSCHATTENGEWÄCHSE	Aubergine, Chili, Kartoffel, Paprika, Physalis, Tomate
SCHMETTERLINGSBLÜTLER	Bohne, Erbse

Kompost oder Volldünger?

Düngen heißt, Pflanzen ernähren. Und wenn Du das mit dem vergleichst, wie Du Dich selbst ernährst, fällt Dir auf, dass ausgewogene Ernährung einerseits ganz einfach, in den Details dann aber doch auch durchaus anspruchsvoll ist. Was also, hat Pflanzenernährung mit Nachhaltigkeit zu tun?

Essentials

BEVORZUGE ORGANISCHE DÜNGUNG und versorge Dich damit zunächst aus eigenem Kompost. Reicht der nicht aus, besorge weitere organische Gartendünger.

NUTZE, WO ERFORDERLICH, mineralische Düngung als Ergänzungsdüngungs. Es gibt auch hoch wirksame, organisch-mineralische Mischdünger.

OHNE ZUGABE VON STEINMEHL stinkt Dein angesetzter Jauchesud nach ein paar Gärtagen intensiv.

Komposthaufen und -behälter für Dünger

WIE KOMMEN PFLANZEN AN NÄHRSTOFFE?

Aus dem Boden holen sich die Pflanzenwurzeln in Wasser gelöste Nährstoffe als Nahrung. Diese Nährstoffe lösen sich in einigen Fällen aus der Mineralität des Bodens. In der Hauptsache aber sind Nährstoffe das Ergebnis der Zersetzung von organischer Substanz, die aus Pflanzen, Tieren und deren Exkrementen stammt. So funktioniert das Recyclingsystem der Natur: organische Masse aus Einzelbausteinen aufbauen, nach der Nutzung durch das Leben wieder in Bausteine zerlegen und wieder verwenden. Zum Beispiel aus Kompost.

KOMPOST, SCHNELL UND EINFACH

Bist Du ein Ahnungsloser, besorgst Du Dir am besten einen Thermokomposter, in den hinein Du Deine Gartenabfälle entsprechend der Gebrauchsanweisung gibst. Von März bis Juli kannst Du dann Deinen selbst angesetzten Kompost als Pflanzendünger oberflächig in den Gartenboden einarbeiten, etwa 2 l pro Quadratmeter.

SCHNELLE SOFORTHILFE

Mineralische Düngung demgegenüber ist so etwas wie ein mineralisches Nährstoffkonzentrat. Sie ernährt Pflanzen umfangreich, schnell und einfach. Sie zahlt aber nicht auf den langfristigen Erhalt des komplexen Systems Boden mit seinen zahlreichen beteiligten Bodenlebewesen ein. Was also tun? Nachhaltig ist, was das System Boden langfristig am Laufen hält. Denn das ist der Garant für Bodenfruchtbarkeit. Gleichwohl hat gezielte mineralische Düngung ihre Berechtigung. Achte also darauf, dass Du Deinen Gartenboden stets mithilfe reichlich organischer Düngung in Schwung hältst. Erforderlichenfalls fütterst Du dann noch mineralisch nach.

BRAUCHT'S DAS?

Gartencenter machen es Dir leicht, indem sie Spezialdünger für Pflanzenarten anbieten, wie z. B. Rhododendron-, Rosen-, Tomatendünger. Sie sind alle jeweils auf die speziellen Ernährungsansprüche dieser Pflanzen abgestimmt, also sinnvoll. Je mehr Du aber richtig zu düngen gelernt hast, kannst Du auf preiswertere „Allgemein"-Dünger umschwenken und Sonderbedarfe einzelner Pflanzen gezielt nachdüngen. Ein paar Beispiele dazu sind diese hier: Tomaten etwa benötigen besonders viel Kalium. Starkzehrer wie Kohl, Sonnenblume, Zucchini, Tomate besonders viel Stickstoff. Blütenpflanzen wie Rosen oder Balkonblumen zehren viel Phosphor.

Auch Pflanzenjauchen düngen

NASENKINO

Pflanzenjauchen aus z. B. Brennnesseln, Beinwell oder Schachtelhalm, sind ebenfalls beliebte zügig wirkende Dünger. Auch als Anti-Läuse-Spritzbrühe werden sie (Jauche mit Wasser im Verhältnis 1:10 verdünnt!) verwendet. So setzt Du Jauche an: Gib auf je 10 l Regenwasser 1 kg frisches zerkleinertes Pflanzenmaterial in eine z. B. Mörtelwanne. Rühre zwei, drei Hände voll Steinmehl mit unter, dann muffelt das ganze später weniger. Lass alles bei warmer Umgebungstemperatur zwei Wochen durchgären. Decke das Ganze ab, damit keine Kinder(!) oder Tiere hineinfallen. Wenn die Jauche dunkelt und keinen neuen Schaum mehr bildet, ist sie fertig. Ausbringung bei bedecktem Himmel, (verdünnt als Jauche mit Wasser im Verhältnis 1:5 bis 1:2). Erntefähiges Gemüse nicht mehr mit Jauche begießen.

Organischer Dünger muss zunächst vom Bodenleben zersetzt werden, bevor die Nährstoffe darin von den Pflanzen aufgesaugt werden können. Das dauert rund drei Wochen! Schnellst, weil binnen Tagen wirksame „Feuerwehr-Düngung", ist also mineralisch.

KÜBELSCHÖNHEITEN

Pflanzen in Gefäßen stehen nicht in gewachsenem Gartenboden. Sie lassen sich organisch ernähren, z. B. mit Kompost im Gießwasser oder organischem Volldünger. Ihre mineralische Ernährung mit z. B. Langzeitdünger ist komfortabler. Als organische Basisversorgung hat sich in Kübeln & Co die Düngung mit Schafwollpellets super bewährt. Zusätzlich dazu, dünge erforderlichenfalls mit organischem oder mineralischem Dünger nach.

Grünfläche oder intelligente 3D-Begrünung?

Wenn Du Garten, Terrasse und Balkon als Flächen betrachtest – was ist dann mit all den Wänden und Dächern dort? Sind das auch Nutzflächen? Zukunftsfähigkeit bedeutet mehr und mehr, vertikale Flächen mit zu nutzen.

Essentials

WÄNDE UND DÄCHER sind häufig ungenutzte Quadratmeter, um Folgen des Klimawandels abzumildern.

ES GEHT UM BEGRÜNUNGEN aller Art ebenso, wie um Retention von Niederschlagswasser.

MANCHE MASSNAHMEN die aus der Fläche 3D-Begrünungen machen, sind förderungsfähig.

JEDES BLATT ZÄHLT!

Es gibt da diesen Gegensatz zwischen urbanen Steinwüsten und der zwingend erforderlichen Gegenbewegung zu Kiesgärten & Co. Begrünung auch von Wänden und Dächern verringert den innerörtlichen Wärmeinsel-Effekt: tagsüber solar aufgeheizte Gebäude und Versiegelungsflächen, nachts entsprechend geringere, erfrischende Abkühlung. Begrünung verbessert das Kleinklima, säubert von Feinstaub, fördert die Biodiversität von Flora und Fauna, erfreut die Psyche des Menschen, senkt Kosten für Gebäudekühlung und -beheizung und dergleichen mehr. Ob Dein Zutun auf Deinen Quadratmetern dabei erfolgversprechend ist? Nun, im bewusst durchgrünten Berlin etwa, kommen zwei Drittel der Brutvogelarten vor, die in Deutschland gefährdet oder vom Aussterben bedroht sind.

Die Höhe ausnutzen – hier mit einer üppigen Kletterrose anstelle einer Beetrose

WÄNDE – UNGENUTZTE POTENZIALE

Kluge Gärtner haben vertikale Flächen schon immer mitgedacht. So haben sie beispielsweise Obstbäume, Brombeeren, Reben oder auch Feigen vor Wände gepflanzt und sie dort an flachen Spalieren gezogen. An Wandflächen kannst Du Spalier- und rankendes Obst sowie blühende Zierpflanzen ziehen, wie Kletterrose, Clematis, Trompetenwinde oder Kletterhortensie. Grüne Wände bekommst Du z. B. mit Efeu, Wildem Wein oder Kletter-Spindelstrauch, die zudem schönen Fruchtschmuck tragen. Von Sonne bis Schatten findet sich da immer etwas. Und so manche begrünte Wand wird zum Nistplatz von Gartenvögeln.

Im einfachsten Fall pflanzt Du Deine persönliche Auswahl vor die Wand und leitest sie empor, je nachdem mit oder ohne Stütz-, Kletter- oder Rankhilfe. Auch Stellagen mit bepflanzten Töpfen sind eine Lösung, aber vor warmen Wänden nun mal gießaufwändig. Empfehlung: Bewässerungssystem installieren.

Geht es darum, Wandflächen noch intensiver zu nutzen, dann verwende modularen Systeme für Fassadenbegrünungen. Dabei handelt es sich um z. B. mit Pflanzsubstrat befüllte Elemente oder auch Rinnen, die Du mit dem bepflanzt, was Du möchtest und was darin gedeiht – blühende Stauden und immergrüne Kleingehölze ebenso wie Gemüse und Fruchttragendes (z. B. Erdbeeren). Sie benötigen einen Wasseranschluss. Gedüngt wird flüssig, über das Gießwasser.

NICHT ÜBERTREIBEN

Es gibt Menschen, die packen ihre verfügbaren Quadratmeter Terrasse, Balkon oder Urban Gardening randvoll mit Pflanzgefäßen und diese wiederum randvoll mit Pflanzen. Jetzt mal langsam: Grundsätzlich nett gemeint, ist das im Detail wenig zweckdienlich, denn jede ausgewachsene Pflanze braucht ihren artgerechten Raum. Sie muss sich ausreichend ausstrecken können, um genug Licht und Durchlüftung abzubekommen, um Laubwerk, Blüten und Früchte zu bilden. Und sie braucht ausreichend Wurzelraum, um ohne allzu große Konkurrenz durch Nachbarpflanzen genügend Wasser und Futter aufsaugen zu können. Zu dichter Pflanzenstand beeinträchtigt das gesunde Wachstum der Pflanzen ebenso (z. B. Gefahr von mehr Mehltau etc.), wie die von Dir gewünschten Ernteerträge und -qualitäten. Abgesehen davon, dass Du Dich damit bei der Pflanzenpflege ungewollt aber leicht in die Bredouille bringst.

Birnenspalier, vor wärmender Wand. Mit Wärme im Rücken reifen Birnen besser.

FÖRDERUNGEN MITNEHMEN

Kommunen schießen sich mehr und mehr auf die Förderung von örtlichen Maßnahmen für mehr Klimaschutz und Nachhaltigkeit ein. Dazu zählen Maßnahmen für die Retention oder auch Nutzung von Oberflächenwasser von z. B. Dachflächen ebenso, wie solche zur Fassadenbegrünung zur Verbesserung des innerstädtischen Kleinklimas. Checke also, noch bevor Du anfängst, eine Idee umzusetzen, ob es an Deinem Ort Förderungen solcher Projekte gibt.

Langzeit- oder Quicky-Kulturen?

Nachhaltigkeit im Garten bedeutet nicht das starre Durchziehen eines Strickmusters. Anregungen zu Nachhaltigkeit beziehen sich immer auf die konkrete Lebensweise dessen, der in seinem Alltag Langfristigkeit lebt.

Essentials

ENTSCHEIDE DICH bei dem was Du anpflanzt, wie viel Aufwand Du für dessen Pflege leisten kannst oder magst. Wäre zu schade, wenn es verkommt.

AUCH KLEINE ZEITFENSTER kannst Du gewinnbringend für den Anbau von Gemüse nutzen.

PFLEGE ZWISCHENZEITLICH nicht genutzte Fläche durch Einsaat mit Gründünger.

WIE VIEL GARTEN IST FÜR DICH NACHHALTIG?

Abseits der Nachhaltigkeit im Großen und Ganzen geht es bei Nachhaltigkeit im Garten zunächst einmal darum, sich die Freude am Gärtnern und die Möglichkeit, es zu tun, langfristig zu erhalten. Erfolg ist die Mutter der Freude und so setzt sich die Lust am Gärtnern nur dann fort, wenn es gelingt. Wissen und Können sind das eine. Dumm aber, wenn Deinem Willen zum Gärtnern die Möglichkeit fehlt. Denn Dein Alltag ist so vielschichtig, dass Du nicht immer dazu kommst. Kläre also für Dich und Deine Lebenssituation, welcher Schaffens- und Verfügbarkeitstyp Du gerade bist. Denn zu gärtnern heißt: zur erforderlichen Zeit das Passende tun.

DER VIEL-ZEIT-TYP

Wenn Du halbwegs dem Sprichwort entsprichst, „Der Garten will täglich seinen Gärtner sehen", dann kannst Du Dich nicht nur an den Anbau von viel Gemüse wagen, sondern kannst Deinen Anbau sogar noch ausreizen. Mit dem satzweisen Anbau Deines Gemüses ergeben sich zwischen zwei Sätzen immer auch Wartezeiten. Perfekt, um während der warmen Gartenmonate binnen nur weniger Wochen oder Tage schnell noch etwas Nützliches dazwischenzuschieben. Hast Du zwischen zwei angebauten Sätzen nur zwei Wochen

Rote Bete für Mischblattsalate

PFLANZEN – GROW YOUR OWN

Kornelkirschen – wilde Beeren

Rhabarber, eine stets mehrjährige Kultur

Zeit zur Verfügung, dann säe z. B. Gartenkresse. Die keimt in Kürze und wächst sehr schnell. Und Du kannst sie in sehr jungem, aber auch noch etwas älterem Stadium nutzen. Ähnlich verhält es sich mit der Aussaat von Japanischem Rettich (Daikon), Radieschen, Brokkoli, Stielmus, Erbsen, Spinat, Gartenmelde, Rauke, Rotkohl, Rotklee. Die alle kannst Du schon als Schnittgemüse zur Verwendung in grünen Wildkräuter- und Mischsalaten abernten, wenn die jungen Pflanzen ungefähr drei Finger hoch sind. Säe in all diesen Fällen recht dicht und ernte büschelweise!

DER WENIG-ZEIT-TYP

Ist es um Deine verfügbare Zeit nicht so üppig bestellt, benötigst Du zum Ausleben Deines Gartenspaßes ein anderes Konzept. Hier kommt der Anbau von Nutzpflanzen ins Spiel, die weitgehend alleine zurechtkommen und nur zu wenigen Zeiten im Jahr Deine Aufmerksamkeit und Dein Handeln erfordern.

Für Hardcore-Beschäftigte bieten sich Wildobststräucher an. Die kannst Du als eine Art Sichtschutzhecke pflanzen, blühen lassen und sie, wenn Du möchtest, beernten. Kommst Du dazu nicht, dient das Ganze dann eben dem Vogelschutz und Deine gefiederten Gartengäste verzehren all die leckeren z. B. Felsenbirnen, Kornelkirschen, Holunderbeeren, Sanddornfrüchte, Haselnüsse und Maibeeren. Kannst Du Dich etwas mehr kümmern, weiche auf Obstgehölze aus, Beerenobst inklusive. Auch an denen musst Du rund ums Jahr kaum etwas machen. Lediglich einen Obstbaumschnittkurs empfiehlt es sich, mal zu besuchen – oder Dich in den Schnitt von Beeren-, Kern- und Steinobst zumindest einzulesen.

Vergleichsweise wenig Aufwand rufen auch Langzeitkulturen wie Rhabarber, Himbeeren oder gar Spargel auf, dabei Grünspargel weniger als Bleichspargel. Spargelbeete aber erst einmal anzulegen, braucht seine Zeit. Eine Reihe von Pflanzen kannst Du unkompliziert an passender Stelle in Deinem Garten unterbringen und sie extensiv beernten, z. B. Topinambur.

ICH MACH ERST MAL GAR NICHTS

Wenn Du ein Beet vorübergehend nicht nutzt, dann lass es nicht einfach brach liegen. Säe es besser mit Gründüngungspflanzen ein. Das ist für den Erhalt der Bodenfruchtbarkeit langfristig besser. Verwende blühende Gründüngungspflanzen (z. B. Tagetes, Phacelia) oder –mischungen (z. B. Landsberger Gemenge) im Sommerhalbjahr (Nahrungspflanzen für Insekten) und frostfeste im Winterhalbjahr (z. B. Winterweizen, kombiniert mit der Stickstoff sammelnden Winterwicke).

Nachhaltige Ernte – leistbar oder überfordert?

Wie schön, dass Du Lust auf Garten hast! Aber hast Du auch immer genau dann Zeit für ihn, wenn der Dich gerade braucht, z. B. zur Erntezeit? Wäre doch schade, wenn die Früchte Deiner Arbeit verkommen würden, oder?

Essentials

ÜBERLEGE DIR schon vor Aussaat und Pflanzung, was Du in welchen Mengen wann ernten möchtest.

NUTZE KULTURSCHUTZSYSTEME zur Schädlingsabwehr.

MÖGLICHERWEISE IST EIN KLEINGEWÄCHSHAUS für gezielten Anbau für Dich interessant.

CLEVERE ANBAUPLANUNG

Nachhaltiges ernten ist gar nicht so schwer. Es verlangt lediglich nach cleverer Anbauplanung. Dann kannst Du über einen langen Zeitraum hinweg Obst, Gemüse, Kräuter, und was Dich sonst noch so begeistert, abgreifen, um damit längstmöglich versorgt zu sein.

WAS UND WIEVIEL DAVON WILLST DU ERNTEN?

Checke zuerst, was Du alles aus Deinem Garten ernten willst. Was entspricht Deinen Verzehrgewohnheiten? Salat, Tomaten? Bohnen, Beeren? Portulak, Pastorenkraut? Was macht Dich neugierig, es kennenzulernen? Zuckermais, Grünspargel, Erdmandeln? Wenn Du hier zu Klarheit gefunden hast, entscheide, ob Du viel oder wenig davon ernten möchtest. Entsprechend passend, wähle die dazu erforderliche Größe der Anbaufläche, Saatgutmenge, Jungpflanzenbedarf.

ALLES HAT SEINE ZEIT

Nun kommt die Komponente Zeit ins Spiel. Bei Deiner Planung hast Du bemerkt, dass jedes Obst oder Gemüse einen Startpunkt hat, an dem Du es säst oder pflanzt. Und einen Endpunkt: die Ernte. Angaben zu beiden findest Du z. B. auf der Samentüte oder dem Etikett an Deiner Pflanze. Prüfe also erstens, ob Du während der Wachstumsphase Deiner Pflanzen da bist und Dich kümmern kannst. Ansonsten brauchst Du jemanden, der das für Dich erledigt. Oder technische Unterstützung, etwa in Form eines Bewässerungssystems. Sieh auch zu, dass die

Ernte Deiner Arbeit und ihre Verarbeitung nicht ausgerechnet dann erforderlich ist, wenn Du gerade wochenlang Urlaub machst. Andererseits kann es sein, dass Du für vorhersehbare Festivitäten, wie Grillparty an Deinem Geburtstag oder irgendein Fest zwischen Sommer und Herbst, einen Mehrbedarf an z. B. Salat, Radieschen, Basilikum, Bohnenkraut oder sonst etwas haben wirst. Bedeutet: von vornherein mehr davon anbauen.

PEU À PEU

Zwei Dinge sind an dieser Stelle nun wichtig. Beachte zum einen, dass Du Deine Erntemengen auseinanderziehst.

Im Kombipack: Tomate trifft Basilikum

Also nicht 50 Salatköpfe so anbaust, dass sie mit einem Mal geerntet und verzehrt werden müssen. Wenn Du Partien im Abstand von etwa zehn bis 20 Tagen säst oder pflanzt („satzweise"), werden die nach und nach erntereif und Du kannst das Ganze zeitlich wie auch mengenmäßig besser verwerten. Es gibt auch Pflanzen, die Du über gewisse Zeit fortlaufend beernten kannst, wie Pflücksalat. Andere, wie Stielmus und Blattkohl (Grünkohl, Schwarzkohl und Ewiger Kohl), treiben nacherntbare Sprossen, wenn Du die Wurzeln samt „Herzen", bzw. die Strünke im Boden und sie wieder austreiben lässt. Bohnen und Zucchini setzen umso mehr Früchte an, je kräftiger Du sie beerntest. Zweites dabei wichtig: Während Du so durch die Monate gärtnerst, achte darauf, dass es für etliche Gemüsearten, wie Salat, Rettich, Radieschen, Lauch, unterschiedliche Sortengruppen gibt: solche für den Anbau im Frühjahr (die Tage werden länger) oder im Herbst (die Tage werden kürzer).

WERTSCHÄTZUNG

Mit dieser Vorgehensweise regulierst Du insgesamt bedarfsgerecht, welche Ernte Du wann und in welcher Menge einfahren willst, dann aber auch verwerten kannst. So verkommen bei Dir keine aufwändig selbst erzeugten Lebensmittel – ihnen gegenüber ein Akt der Wertschätzung.

Willst Du alles zeitlich noch mehr strecken, dann denke über Ernteverfrühung oder -verzögerung nach, wie sie Dir ein Kleingewächshaus ermöglicht.

SAFETY FIRST

All Deine Mengenplanung greift ins Leere, wenn Dir vom Erdfloh über den Engerling und die Nacktschnecke bis hin zur Essigfliege Mit-Esser aus der Natur die Ernte in Deinem Garten wegfressen. Viele Gemüsearten kannst Du unter einem Schutzvlies wachsen lassen. Das ist so feinmaschig, dass Schädlinge wie Blattlaus, Weiße Fliege, Möhren-, Rettich- oder auch Zwiebelfliege von Deinem Gemüse sicher ferngehalten werden.

Und was ist mit den ganzen Resten?

Nichts davon wegschmeißen zu wollen, kann Wertschätzung von Nahrungspflanzen bedeuten. Wie weit aber jeweils reichen „reuse" und „repair", „recycle" und „rethink" in Garten und Küche? Eine Frage von Maß und Ziel.

Essentials

WAS NICHT KÜCHENTAUGLICH IST, wird im Garten recycelt oder – wenn es mit besonders üblen Krankheiten, wie Kohlhernie befallen ist – über den Hausmüll entsorgt.

AUCH MISSFITS LASSEN SICH nahrhaft und schmackhaft verarbeiten.

GEMÜSE „WIEDERZUBELEBEN" ist nicht wirtschaftlich, aber witzig.

NACHHALTIGER UMGANG

Gartenwirklichkeit, Küchenwirklichkeit – beim Weg von Gemüse, Obst und Kräutern aus dem eigenen Garten in die Kochtöpfe und Pfannen landet längst nicht alles dort. Von den gesäten oder gesetzten Pflanzen gedeihen nicht alle. Hinzu kommen die Negativresultate, die Pflanzenkrankheiten und -schädlinge hervorrufen. Und da sind die Putzabfälle, die in der Küche anfallen. Wie all damit wertschätzend umgehen?

IM GARTEN LASSEN

Nimm bereits beim Ernten das Erntegut vorsortiert aus dem Garten mit und belass auf dem Beet, dem Kompost oder im Stall, was dortbleiben kann („recycle"). Manches kannst Du gleich an Hühner, Enten, Kaninchen oder Meerschweinchen verfüttern, wenn Du (oder einer Deiner Nachbarn) Kleintiere hältst („reuse"). Faules oder von Schädlingen Befallenes, stecke am besten gleich zwei Spatenstich tief in die Erde, dann kann sich das in Deinem Garten nicht weiter ausbreiten. Wenn Du es so machst, minimiert das alles bereits die Menge Deiner Küchenabfälle. Was nun dort noch übrig bleibt, gesellt sich später wiederum zu Beet, Kompost, Stall oder Bio-Tonne.

Keyhole-Beet: Nährstoffversorgung durch Pflanzenrecycling in der Beetmitte

PFLANZEN – GROW YOUR OWN

So viel wie möglich von dem mühsam Erzeugten und Gewachsenen sinnvoll verwerten, aufessen oder verfüttern. Den Rest recyceln. Am besten im eigenen Garten, damit es hier der Bodenpflege auf eigener Fläche zugutekommt.

WERTSCHÄTZUNG FÜR MISSFITS

Als Missfits bezeichnet man Erntegut, das untermaßig bzw. nicht malerisch schön gediehen oder erhalten ist: die krumme Möhre oder Gurke, der fleckige Apfel, der gedrückte Pfirsich, der leicht welke Grünkohl, die angefressene Birne, der angerunzelte Paprika – und, und, und. Verwertbar ist das alles. Spätestens zu Eintöpfen, Ofengerichten u.v.a. Leckerem mehr weiterverarbeitet. Einfach wegschneiden, was wirklich schadhaft ist. Auch Fallobst zählt zu den Missfits (s. Seite 84).

DIE REPARIERTE MÖHRE

Es gibt Menschen, die mögen auch noch das letzte Fitzelchen eines Gemüses verwerten – eher noch: es „wiederbeleben", indem sie es wieder austreiben lassen („repair"). Sie schneiden den Kopf einer Möhre etwas länger, den Lauch- oder Zwiebelboden etwas höher ab, die Kartoffelschale unter dem keimenden Auge dicker, pflanzen das alles ein, lassen es wurzeln, wachsen und hegen es liebevoll. Es liegt in der Natur der Sache oder besser: Es ist eine Notwehr des Gemüses, sich gegen das Sterben aufzubäumen und das Spiel mitzumachen. Für Wachsenlasser eine Überraschung und ein Vergnügen zu erleben, wie ein Gemüserest sich wieder aufrappelt, durchtreibt und neue Triebe bildet. Ein wenig auch von dem, was Du später essen magst. Aber nennenswerte Ernteergebnisse für all den getriebenen Aufwand – womöglich noch das Installieren einer Pflanzenleuchte – darfst Du bei solchen botanischen Spielereien nicht erwarten. Für Kinder allerdings eine Hinführung zu gärtnerisch-botanischem Verständnis sowie zur Wertschätzung von Leben, Pflanze und Nahrung.

RETHINK

Ein weiterer Weg der Wertschätzung Deiner Gartenernte ist es, Gemüse „from root to leaf" zu verwenden. Die sauber geputzten Wurzeln von Lauch z. B. sind eine Leckerei, wenn Du sie in Fett knusprig röstest. Für das junge essbare Laub von Radieschen, Möhren und Kohlrabi, gibt es ebenfalls Verwertungsrezepte, beispielsweise als Pesto. Und wenn Du einen Blumenkohl putzt, schneide am Strunk alles Holzige weg, so erhältst Du (fast) einen Kohlrabi. Im Beet belassene Strünke von Kohl oder Salat kannst Du nach dem erneuten Austreiben um ein paar weitere Sprosse beernten.

Fallobst: her damit oder weg damit?

Was auf dem Boden liegt, isst man nicht? Was ist dann mit Haselnüssen und Walnüssen, Maronen und Kornelkirschen? Auch Fallobst muss nicht zwingend kaputt sein, sondern kann durchaus zu Köstlichkeiten zubereitet werden.

Essentials

FÜR OBSTGEHÖLZE MACHT ES SINN, nicht alle Früchte und Samen auf einmal reif werden zu lassen.

JE MODERNER EINE ZÜCHTUNG IST, desto enger ist auch ihr Reife- bzw. Erntefenster.

FALLOBST UND MISSFITS haben es verdient, wertgeschätzt und damit verwertet zu werden.

TAKTISCHE REIFE

Die Natur setzt aus taktischen Gründen auf weite Erntefenster. Reifen nämlich einzelne Früchte bereits sehr früh, andere einzelne sehr spät, so liegt zwischen diesen beiden Rändern des Erntefensters eine lange Zeit. Damit ist für die Pflanze die Wahrscheinlichkeit größer, dass mehr Samen dieser Früchte auf geeignete Möglichkeiten zum Keimen und Wachsen stoßen. Das dient der Arterhaltung. Obst im Garten reift üblicherweise nicht auf einen Schlag, sondern innerhalb besagter Erntefenster. Das kann, wie bei Kirschensorten, nur etwa eine Woche groß sein oder, wie z. B. bei immertragenden Erdbeeren, sich über Wochen hinziehen. Bei der Obstsortenzüchtung achtet man heute auf enge Erntefenster, damit alles Obst dieser Sorte in einem Aufwand abgeerntet und verarbeitet werden kann. Denn im Garten hingegen hat niemand Lust darauf, ungleichmäßig reifendes Obst in Etappen vom Baum holen zu müssen, je nach Reifegrad.

Sukzessive Reife, ein Prinzip der Natur

Menschen ziehen die Aufeinmal-Ernte vor

... GEKONNT NUTZEN

Überhaupt unterscheidet man im Garten zwischen der Pflückreife einer Obstsorte und ihrer Genussreife. Die Pflückreife ist erreicht, wenn sich die Frucht sortentypisch entwickelt hat und sich leicht vom Gehölz trennen lässt. Für Spätsorten ist nun eine Zeit der Nachreife im Lager erforderlich. Dort erst entwickelt sich die weichere Konsistenz der Frucht, ihr volles Aroma und damit ihre volle Verzehrwürdigkeit. Hier etwa sind die so genannten Lagersorten von Äpfeln und Birnen angesiedelt. Im Oktober geerntet, lassen sie sich frostfrei, kühl und luftfeucht bis weit in den Winter oder sogar bis ins Frühjahr hinein lagern. Ganz ohne Energieaufwand für Konservierung.

FRÜHCHEN – ALLES VERSCHWENDUNG?

Nach der Blüte und Befruchtung, bilden sich die Früchte aus. Nach der Apfelblüte im April z. B. findet dann alljährlich eine Besonderheit im Obstgarten und auf Streuobstwiesen statt: der Junifruchtfall. Dabei stößt der Baum alle nicht voll befruchteten Früchte ab, die dann noch klein und unreif sind. Auch andere Obstarten, wie Birnen, kennen einen solchen Fruchtfall. Vorteil für die Bäume: Der Fruchtbehang befreit sich von seinem Überbehang, der fortan nicht ernährt werden muss. Konzentration auf das, was dem Baum Erfolg verspricht: Früchte, die verzehrt, also Samen, die verbreitet werden.

Der nächste Schwung früh fallender Früchte umfasst all diejenigen, die von Raupen befallen sind, wie den Jungen von Apfelwickler, Pflaumenwickler & Co. Diese Früchte können dann bereits in einem sich nähernden oder bereits begonnenen Genussreifestadium herunterfallen. Wie alles später reif vom Baum fallende Obst, sind auch diese Frühchen es oft schon wert, verwertet zu werden. Das einzige, das es dafür zu tun gilt ist, es einzusammeln, Schadstellen wegzuschneiden und das verzehrwürdige zu verarbeiten – zu Kompott, Fruchtsaft, Mus, Marmelade, Gebäck und zu all den anderen Ideen, die Deine Kreativität in der Küche hergibt. So rettest Du Lebensmittel, und was danach noch übrig bleibt, landet zum Recyceln auf dem Kompost.

KLEINKRAM-KOLLEKTE

Von üppig fruchttragenden Sträuchern wie Kornelkirsche oder Haselnuss, aber auch von größeren Bäumen wie Walnuss und Esskastanie, fallen mit deren Reifebeginn Früchte zu Boden. Spanne Vogelschutznetze oder lege alte Bettlaken o. Ä. darunter. Dann ist das schnelle Einsammeln und Durchsortieren von Fallfrüchten wesentlich einfacher.

Schadhaftes Obst zuerst vom Lager nehmen

Alte Obstbäume: absägen, oder geht da noch was?

Jahrzehntelang sind sie zu ihrer stattlichen Größe herangewachsen. Jetzt rückt aus irgendeinem Grund der Gedanke nahe, die alten Dinger wegzumachen? Es lohnt, noch einmal innezuhalten und das Ganze zu überdenken.

Essentials

BESSERE, GESÜNDER WACHSENDE und reifende Sorten sind krankheitsanfälligen vorzuziehen

STATT ALTEHRWÜRDIGE OBSTBÄUME zu roden, kannst Du ihre Umveredelung in Erwägung ziehen.

DAS UMVEREDELN von Buschbäumen des Kern- und Steinobstes, lohnt zumeist nicht.

WARUM SOLLTE DER BAUM WEG?

Es braucht nur wenige Minuten, um einem Gartenbaumgiganten mithilfe der Kettensäge den Garaus zu machen. Der über Jahrzehnte geformte Baumkörper ist dann passé. Und damit ein Potenzial vernichtet, das über lange Jahre hinweg überhaupt erst gewachsen ist. Gegenvorschlag: Überlege, warum der Baum weg soll.

LÖSUNGSVORSCHLAG UMVEREDELN

Wenn Dir bei einem Obstbaum die Früchte nicht – mehr – schmecken, hast Du die Möglichkeit, den Baum weitestgehend zurückzuschneiden und umzuveredeln. Dazu werden Zweigstücke einer Sorte auf den Altbaum gepfropft, die Dir besser taugt. Diese Zweigstücke treiben nach dem Anwachsen aus, und mit den Neutrieben baust Du die Baumkrone durch zielgerichteten Schnitt neu auf. Nach rund drei, vier Jahren kannst Du dann bereits ernten, was Dir besser schmeckt. Mit dem Vorteil, dass Du statt einem neu zu pflanzenden Jungbaum die Schönheit und Anmutung eines Altbaums für Deinen Garten gerettet hast, z. B. als bald schon wieder großkronigen Schattenspender.

NEUE SORTEN, NEUE CHANCEN

Nicht nur der bessere Geschmack einer Frucht kann ausschlaggebend dafür sein, aus Alt Neu zu machen. Auch die Sortengesundheit kann eine solche Begründung liefern. Denn warum gegen z. B. Apfelmehltau oder -schorf Pflanzenschutzmittel einsetzen müssen, wenn es inzwischen Sorten gibt, die am passenden Standort von vornherein deutlich weniger anfällig gegen solche Pilzerkrankungen sind?

EHER NICHTS FÜR MINIS

Reden wir hier von alten Bäumen, so sind damit Hochstämme gemeint. Sie haben eine Stammlänge von etwa 180–220 cm. Auch die etwas kleineren Halbstämme (Stammlänge etwa 160–180 cm) sind tendenziell umveredelungswürdig. Warum das so ist, ist kurz erklärungsbedürftig. Diese Wuchsformen sind ja beide einmal vom Gärtner veredelt worden. Der hat

Grundsätzlich können alle Obstbäume umgepfropft werden. Wer das Veredeln beherrscht, für den ist es ein Klacks. Wer es nicht kann, wendet sich an den örtlichen Obst- und Gartenbauverein oder an seine regionale Baumschule.

STANDFESTIGKEIT VORAUSGESETZT, ...

... eignen sich alte Bäume mitunter dafür, zu einem Torso zurückgeschnitten zu werden. Der wiederum kann zu einem Gartenkunstwerk ausgearbeitet, oder aber mit Kletterpflanzen (wie Efeu, Rose, Clematis, Weinrebe) unterpflanzt und berankt werden. Einmal abgeschnitten, eignen sich Stämme, Stamm- und dicke Aststücke zur Dekoration von naturnahen Staudenbeeten. Sie verrotten binnen 20+ Jahren und sind dabei Totholzhabitat für Käfer und Jagdrevier für Vögel und Spitzmäuse.

Das Prinzip der Veredelung, hier als junges Duo: Den Wurzeln einen Auftrag geben, was auf ihnen in Zukunft reifen soll.

dazu eine Grundlage verwendet, die sehr stark wächst und Halb- bzw. Hochstamm eine Lebenserwartung von leicht 70 Jahren und darüber hinaus mit auf den Weg gibt. Mithilfe einer solchen Veredelungsunterlage, von der es unterschiedliche Varianten gibt, steuert der Gärtner von Anfang an bestimmte Eigenschaften des späteren Baums, wie Wuchsstärke, potenziell erreichbares Alter, früheres oder späteres Einsetzen des Fruchtertrags, bis hin zur Beeinflussung der Fruchtqualität.

Schwächer wachsende Veredelungsunterlagen bewirken, dass ein Obst„baum" nur wenige Meter hoch wird und gleichsam buschförmig wächst. Solches Buschobst ist nach grob zehn bis 20 Ertragsjahren ziemlich abgewirtschaftet und dann rodungswürdig. Wer es umveredelt, muss wissen, dass sich der Aufwand bei tendenziell noch jüngerem Buschobst möglicherweise lohnen mag, aber auf deutlich kürzere Dauer als im Falle von Halb- und Hochstämmen.

Weihnachtsbaum: heißt Baum auch Wald retten?

An Weihnachten einen Christbaum aufzustellen, hat Tradition. Kritiker dessen mahnen an, Weihnachtsbäume nicht zu schlagen, oder sie aber nach dem Fest auszupflanzen und so mit ihnen den Wald zu retten.

Kulturgut Weihnachtsbaum – ein Problem?

Auf Christbäume aus Gründen des Klimaschutzes zu verzichten, ist effektlos: Ihre Existenz verdanken sie dem Verwendungszweck. Ansonsten würden sie nicht angebaut. Ihre CO_2-Bindung ist auf die Dauer ihrer nur wenigen Lebensjahre begrenzt.

WO KOMMT DER WEIHNACHTSBAUM HER?

In der Familie, Firma oder im Freien – jedes Jahr stellen wir Deutschen etwa 25 Mio. Christbäume auf. In Sachen Weihnachtsbaumkulturen sind wir hierzulande zu etwa 90 % Selbstversorger. Wichtigste Weihnachtsbaumart ist die Nordmanntanne, weil ihr malerischer Wuchs für diesen Zweck am beliebtesten ist und sie, anders als Fichten, kaum nadelt. Gewonnen werden Weihnachtsbäume aus Saatgut von speziellen Mutterbäumen im Kaukasus. Bevor sich Nordmanntannen als Weihnachtsbäume durchsetzten, wurden hier statt diesen heimische Rotfichten oder die aus den USA stammenden Blaufichten verwendet.

Wurden Rotfichten ursprünglich der Naturverjüngung des Waldes entnommen, schadete dem das nicht. Fichtenbestände müssen im Forst ohnehin ausgedünnt werden, um dem größer werdenden Jungbaum mit der Zeit mehr Platz zu verschaffen. Mit dem massenhaften Bedarf an Weihnachtsbäumen kam die Plantagenwirtschaft auf, bei der Weihnachtsbäume im Laufe von etwa sieben bis zehn Jahren zu vermarktungsfähigen Christbäumen herangezogen werden. Naturentnahmen (ausschließlich mit Erlaubnis der Forstbehörde!) finden heute nurmehr vereinzelt statt.

GRUNDSÄTZLICH: JA ODER NEIN?

Weil Weihnachtsbäume Plantagenbäume sind, macht es zunächst einmal nichts aus, sie zu verwenden – sie werden eh angebaut. Und sie werden eh abgeschnitten.

KETTE ODER KERZEN?

Betrachte nicht nur die Nachhaltigkeit Deines Christbaums, sondern auch der Dinge, mit denen Du ihn schmückst. Angesichts ihrer langen Nutzungsdauer und anschließenden Recycelbarkeit, sind LED-Lichterketten nachhaltiger als batteriebetriebene Einzelkerzensysteme, Wachskerzen nachhaltiger als Stearinkerzen. Glasartikel sind auch okay, wenn sie langjährig verwendet werden. Ansonsten gilt: kein Schmuck aus Verbundstoffen und alles so plastikfrei wie möglich.

Mit Ende der Kultur endet der Pachtvertrag über die Fläche. Die wird daher komplett abgeräumt, der unverkaufte Restbestand gehäckselt. Nicht vermarktungsfähige Bäume zu kultivieren wäre für die Erzeugerbetriebe unsinnig. Weil Weihnachtsbaumkulturen daher mit Mineraldünger gefüttert und mit chemischem Pflanzenschutz behandelt werden, liegen hier aus Perspektive der Nachhaltigkeit Kritikpunkte. Ein Weg aus dem Dilemma kann es sein, Bio-Christbäume zu verwenden, wie sie bereits nach z. B. Demeter-Richtlinien produziert werden.

CHRISTBÄUME EINFACH AUSPFLANZEN?

Es gibt Geschäftsmodelle, die Weihnachtsbäume mit Wurzeln zu kaufen, um sie nach den Festtagen in Wälder auszupflanzen. Eine sinnvolle Sache? Nordmanntannen vertragen etwas mehr Sommerwärme und Trockenheit, stammen aber aus einem komplett anderen Verbreitungsgebiet als heimische Weißtannen. Das macht sie im Zeichen des Klimawandels zunächst als Zukunftsbäume interessant. Das aber nur dort, wo sie zum regionalen (Klein)Klima, zu den örtlichen Bodenverhältnissen und zu den lokalen Forstentwicklungskonzepten passen. Etwa, um sie in Mischwald einzubinden. Ein Blick auf das natürliche Verbreitungsgebiet der Weißtanne in Deutschland zeigt, dass nur wenige süddeutsche Regionen angestammtes Tannenland sind. Weihnachtsbäume heute auszupflanzen macht nur dort Sinn, wo sie während der nächsten 90–130 Jahre zu Hiebreife heranwachsen können. Verwendete Weihnachtsbäume in den Wald zu pflanzen, ist also eher scheinnützlich. Vielleicht hast Du stattdessen in Deinem Garten einen Platz für sie – für die nächsten 100 Jahre?

PFLANZEN – GROW YOUR OWN

Essentials

WEIHNACHTSBÄUME werden extra für ihre kurze Verwendung kultiviert.

WÄHREND IHRER RUND ZEHN JAHRE LEBENSDAUER sammeln sie etwas CO_2 ein, das sie bei ihrer Verbrennung oder Zersetzung wieder freigeben.

BENUTZTE BÄUME IN DEN WALD ZU PFLANZEN, macht nur dort Sinn, wo es Sinn im forstlichen Kontext macht – ansonsten ist es nicht die Mutter aller Nachhaltigkeitsideen.

SIE IN DEN GARTEN ZU PFLANZEN, ist eine private Rettungsaktion auf eigenem Grundstück. Wenn es dort Sinn macht.

Grünes Wohnzimmer

Dein Garten ist keine Fläche. Er ist ein Lebensraum. Wohnung ohne Wände. Für Dich und alle, die Dir am Herzen liegen. Generationen übergreifend. Voller Lebendigkeit und Miteinander. Mal mit Forderungen, meist aber großzügig im Teilen. Ein Ort natürlich auch für Fell und Pfote, Schnabel und Feder.

Meeting point Garten: Ruhepol oder offene Gartenpforte?

Das Grüne Wohnzimmer: zu lebendig, zu lebhaft, um Rückzugsort und Ruhepol für das Ich zu sein? Weil sich im Garten bekanntlich alle treffen – Familie, Freunde, sogar Kollegen?

Essentials

DER GARTEN ist ein wunderbarer Ort für das Ich.

GLEICH DAHINTER beginnt er, auch einer für das Wir zu sein.

SOZIALE NACHHALTIGKEIT ist eine der drei Grundformen von Nachhaltigkeit.

VIELFALT GARTENARBEIT

Eigentlich egal, ob Nutzgarten, Ziergarten oder die Kombination von beidem – im Garten gibt es ständig etwas zu begutachten und zu kontrollieren, zu tun und zu erleben. Zu gärtnern heißt, zur rechten Zeit das Richtige zu tun. Dabei ist Gartenarbeit äußerst vielseitig. Immer gibt es etwas zu bewerkstelligen und zu bewegen, zu werkeln und zu wuchten, zu tragen und zu transportieren und dergleichen mehr. Gartenarbeit zählt mit all seinem Auf und Ab, Stehen und Knien, Beugen und Strecken zu den vielfältigsten körperlichen Tätigkeiten, bei unterschiedlichsten Anstrengungsgraden – und gilt daher für gesunde Menschen als außerordentlich empfehlenswert.

GARTENWEGE ZUM ICH

Mit Gartenarbeit gelingt es, in einen Flow der Zufriedenheit hineinzufinden. Ausschlaggebend dafür ist die so genannte „ungelenkte Aufmerksamkeit", so nennt das die Psychologie. Ungelenkte Aufmerksamkeit lässt abschalten, ver-

Familienhaus? Nicht ohne (D)einen Garten

Der Garten: das miteinander Schaffen ...

... und den individuellen Ausdruck leben

GRÜNES WOHNZIMMER

man Menschen, wie sie ihren Garten nutzen, dann reichen die Antworten über „als Nutzgarten" und „als Ziergarten" hinaus. Mit der Antwort: „Dort treffe ich mich mit Familie und Freunden", wird der Garten sogar zum sozialen Statement: „Das bin ich. So lebe ich. Willkommen als Gast in meiner Welt."

Öffne also Dein Mindset für mehr Miteinander, mit Generationen und andere Grenzen und Barrieren überwindenden Beeten der Beteiligung und der genüsslichen Gemeinsamkeit.

gessen, träumen, aufhorchen, hinschauen, öffnet zuvor schier abgeschaltete Sinne. Das alles aber nicht angespannt, angestrengt, als ein Muss. Sondern vielmehr entspannend, als ein Kann und Möchte. All das nutzt z. B. die Gartentherapie für ihre Zwecke. Nicht ohne Grund liebt es mancher Berufstätige, nach Hause zu kommen, tumb dem Rasenmäher hinterherzulaufen und die „gelenkte Aufmerksamkeit" des Tagesgeschäfts, all dieses fremdgelenkte Tunmüssen, hinter sich zu lassen. Bei „ungelenkter Aufmerksamkeit" öffnen sich überdeckt gewesene Gedanken, es steigen Ideen aus dem tiefen Ich herauf und, Du wirst das kennen: Ist man erst einmal tief entspannt, findet sich plötzlich die eine oder andere Problemlösung, die das angestrengte Nachdenken partout nicht hergeben mochte. Ein Lob also der „eintönigen", gedankenverlorenen Gartenarbeit mit ihrem sinnlichen Rahmen aus Farben, Formen und Gerüchen. Und dem herrlichen Gefühl am Ende, so richtig etwas geschaffen zu haben.

OFFEN FÜR OFFENHEIT

So hat Garten etwas sehr Persönliches, Intimes sogar. Und jubelt dennoch aus sich heraus: Das will ich teilen! Green Balance für sich und andere. Garten ist die Verortung von gestalterischem Ausdruck. Ist dann ein Spiegelbild von Persönlichkeit. Kommt ein Schuss Kunst hinzu, egal ob Skulptur, Bild oder Text, erhebt sich der Garten zum Kulturgut. Schon mal Rosengedichte direkt im Beet gelesen? Fragt

SOZIALE NACHHALTIGKEIT

Ökologische, ökonomische und soziale Aspekte sind die drei tragenden Säulen der Nachhaltigkeit. Soziale Nachhaltigkeit ist die bewusste Gestaltung von sozialem und kulturellem Miteinander – einem Wechselspiel zwischen dem Ich und dem Wir. So geht es mal um das Bedürfnis nach Ruhe, mal um das nach gemeinsamem Treffen, Handeln und Erleben. Soziale Nachhaltigkeit verbindet durch gemeinsame Werte (wie Familie & Freunde, Begegnungen & Gespräche, Pflanzen & Gartenkultur etc.).

Allein oder gemeinsam bewirtschaften?

So richtig Lust darauf, einen eigenen Garten zu bewirtschaften? Gar nicht so dumm, einen Garten mit mehreren Gleichgesinnten zusammen zu beackern, damit es auf lange Sicht und nachhaltig gelingt.

Essentials

WENN DU MIT ANDEREN ZUSAMMEN gärtnerst, erntest Du mehr Spaß und Sicherheit für alle.

FUNKTIONIERT LEIDER NICHT mit jedem, also beschnuppert Euch zuvor gründlich.

ES GIBT SOZIALFORMEN des Gärtnerns in unterschiedlichen Kooperationsgraden. Picke Dir das Passende heraus.

HANDELN AUS DEM GEMEINSAMEN ÜBERBLICK

„Einmal am Tag, will der Garten seinen Gärtner sehen", sagt das Sprichwort. Du kannst aber gerade nicht? Schlecht für den Garten! Daher kann es sinnvoll sein, sich für langen Gartenerhalt Mit-Gärtner zu suchen. Will man einen Garten gemeinsam bewirtschaften, gibt es aber Fragen zu Voraussetzungen zu checken: Mit welchen Erwartungen steigen die Mitmacher ein? Geht es ihnen um spielerischen Spaß oder um effektive Ernteergebnisse? Welchen Aufwand sind sie dazu bereit, zu stemmen? Faustregel: Ein Quadratmeter Gartenboden erfordert zwischen einer halben und anderthalb Stunden Arbeitsleistung, pro Jahr, Nebenleistungen inklusive. Wie sind Kosten (z. B. für Gerätschaften, Saatgut, Pflanzen, Dünge- und

Gartengerätschaften kann man gemeinsam verwenden.

Pflegemittel, Bedarfsartikel u.v.m.), wie Erträge verteilt? Bedarf und Arbeitsteilung sind das eine. Wollen und Können

GRÜNES WOHNZIMMER

Größere Flächen ermöglichen mehr Anbauvielfalt, bedeuten aber auch mehr Arbeit.

Mehr Arbeit auf mehr Schultern heißt zugleich: mehr Erntefreuden, in mehr Händen.

das andere. Denn schön, dass alle Spaß daran haben – aber können sie Garten? Je weniger jemand bereits vom Start weg ein Pflanzenversteher ist, desto eher drohen ihm – und damit allen – möglicherweise Rückschläge. Kein Ausschlusskriterium, für niemanden. Aber ein Bewusstseinskriterium, für alle.

MASCHINEN FÜRS GROBE

Ein sehr nützliches Format für gemeinschaftlichen Gemüseanbau sind saisonale landwirtschaftliche Pachtgärten. Bei ihnen übernimmt ein Landwirt mit seinen Maschinen die allgemeinen Bodenbearbeitungen. Im März übergibt er die feinkrümelig geeggte Fläche an die Garten-User, meist kann man dabei zwischen unterschiedlichen Beetgrößen für ein bis mehrere Personen wählen. Du bebaust Deine Parzelle und erntest bis Februar (Wintergemüse!) ab. Der Landwirt pflügt und eggt alles und womöglich bringt er dabei Wirtschaftsdünger gleich mit ein.

ANDOCKEN ODER ANBIETEN

„anstiftung" ist der Name einer Stiftung, die es sich zur Aufgabe gemacht hat, Räume und Netzwerke des Selbermachens zu erforschen, zu fördern und zu vernetzen. Dazu zählen urbane und interkulturelle Gärten ebenso (urbane-gaerten.de) wie offene Werkstätten und Reparatur-Initiativen. Hier findest Du bereits weit über 900 notierte, privat initiierte Gärten bundesweit, an die Du vor Ort möglicherweise andocken kannst. Oder Du gründest selber einen, stellst ihn auf deren Gartenkarte ein und lässt Dich so von Mitmachern finden.

BUNDESWEITE BEGEISTERUNG

Das Kleingartenwesen steht aktuell irgendwo zwischen naturverbundenem Lifestyle, erdfingeriger Lebenslust und genussfreudiger Selbstversorgung. Lust, mitzumachen? Stöbere mal bei Deinem örtlichen Kleingartenverein, Obst- und Gartenbau-Verein und was es bei Dir Vergleichbares gibt. Oder mach Dich schlau z. B. beim Bundesverband Deutscher Gartenfreunde (BDG, kleingarten-bund.de), dem Verband Wohneigentum (VWE, verband-wohneigentum.de), beim Zentralverband der Kleingärtner und Siedler Österreichs (kleingartner.at), dem Schweizer Familiengärtnerverband oder dem Portal der Familiengärten in der Schweiz (familiengarten.ch) und sonstigen Angeboten von Gemeinschaftsgärten.

Glanzstück oder generationengerecht?

Schön, wenn der Garten ein wahres Schmuckstück ist. Kommt darin aber ein jeder zu seinem Recht, von Säugling bis Senior? Der zukunftsfähigere Garten plant sich ändernde Lebenssituation schon im Vorhinein mit ein.

Essentials

DEFINIERE DIE ANSPRÜCHE der Nutzer an Deinen Garten, wie sie hier und heute bestehen.

ÜBERLEGE, was und wie sich in den nächsten überschaubaren Jahren ändern könnte.

BERÜCKSICHTIGE diese längerfristige Nutzungs(änderungs)perspektive, wenn Du über der strukturellen Planung Deines Gartens sitzt.

GARTEN – LIEBER SCHÖN ALS PRAKTISCH?

Im Garten geht es um den Anbau von Pflanzen in einem für sie geschützten Raum. Völlig normal also, dass hier alles für diejenigen optimal bereitet ist, um die es im Garten wesensmäßig geht, um die Pflanzen. Entsprechend hergerichtet sind Böden, Beete und Anbaubedingungen. Das alles lässt sich aber so oder so einrichten. Daher wählt der Mensch in seinem Garten die Dinge gerne so, dass sie zugleich auch seinen ästhetischen Ansprüchen genügen. Bis in die Gartenarchitektur hinein kann das reichen. Ist der Garten komplett durchgeplant und durchgestylt, hat jedes Detail seinen ihm zugewiesenen Platz und erweist sich mit Farbe und Form, Größe und Anordnung als unverzichtbare Note im Konzert des Ganzen.

Garten: stets sich wandelnde Baustelle

So entstehen Schmuckstücke höchster gärtnerischer Qualität. Aspekten, die dem nicht unmittelbar zuträglich sind, ist dabei eine heruntergestufte Bedeutung beigemessen: Wer zäunt schon seinen Gartenteich aus prophylaktischer Sicherheit ein? Und im Zweifelsfalle wählt man den passend schöneren und nicht den pragmatisch praktischeren Bodenbelag aus, der aber rutschfest wäre.

VORAUSSCHAUEND PLANEN

Mag sein, dass Kinder oder das Alter erst in Jahren ein Thema für Dich sind. Je struktureller aber Deine aktuelle Gartenplanung, desto klüger ist es, langfristig denkbare Gartenaspekte schon heute im Blick zu behalten. Ob Wegeführungen, die Zuordnungen von Sitzplätzen oder Gartenhäuschen, die Verteilung von Gartensteckdosen u.v.m., das alles ist von vornherein so grundlegend, dass es langjährig Bestand haben und ohne großen Aufwand später nicht mehr abzuändern sein wird. Passen also z.B. Weglänge, Wegeführung, Steigungen und Gefälle, Belag und Trittsicherheit sowie dergleichen mehr auch für dann einmal, wenn genau all das in Zukunft ein Thema für Dich sein wird? Irgendwann wird das so weit sein. Umso einfacher dann für Dich, wenn noch immer alles bestmöglich passt. Dank frühzeitigem Überblick und vorausschauender Planungen.

KINDER SEHEN DAS ANDERS

Kinder sind mit wachen Sinnen unterwegs. Sicher auch typen- und altersbedingt, lassen sie sich im Garten von all den Farben, Formen, Gerüchen und Geschmäckern triggern oder sogar begeistern. Aber Kinder sind auch bewegungsorientiert. Das braucht Freiräume für Rennen und Toben,

Flitzende Kinder haben die wertvolle Pflanze unter ihrem Stiefel nicht im Blick.

in denen sie nicht Rücksicht nehmen müssen, bloß nicht auf das noch so seltene Pflänzchen zu treten. Und kindgerechte Gärten brauchen Platz fürs Selbermachen, das spielerische Hineinfinden der Kids in das Zusammenspiel von Erdfingerigkeit und Ernteerlebnis.

MELANGE VON VIELEM

Berücksichtigt man all das, so kann die für einen Schmuckstückgarten verbleibende Fläche schon mal deutlich kleiner ausfallen. Weil Kinderansprüche oder Seniorenbedarf – und natürlich die Ansprüche der Menschen in ihren vitalen Jahren (z.B. Raum zum Feiern) – möglicherweise miteinander vereint gelebt sein wollen. Eine Lösung ist es dann, den Garten in Teilbereiche zu unterteilen. Dann durchaus duldend, wenn mal ein Ball ins Stauden- oder Gemüsebeet fliegt. Oder aber Zeitabläufe einzuplanen. Dadurch bleibt die Grundstruktur des Gartens gleich (z.B. Beetgröße, Wegeführung), Teilstrukturen können aber bedarfsgerecht umgewidmet werden. So kann z.B. die anfängliche Rasenfläche für die Kinder später problemlos zur prächtigen Staudenrabatte mit der wertvollen Päonien-Sammlung der Senioren mutiert werden ...

GARTENHÄUSCHEN – GROSS GENUG?

Das generationenübergreifende Gartenhäuschen hat dreifach Platz: einen überdachten Freisitz für alle, einen ganzjährig verfügbaren Ausweich- und Freizeitraum, plus einen Aufbewahrungsraum für zunächst Gartengeräte, aber auch Planschbecken, Rasenspiele und andere Kindergerätschaften. Die machen später all den Gerätschaften Platz, die die Gartenfreude im Alter erleichtern.

Lagern, einkochen oder abgeben?

„Du, nimm Dir mit. Ich habe noch reichlich!" Wer einen Garten hat, wird Sprüche wie diese rund ums Jahr häufiger zu jemandem sagen. Wohin aber mit all dem Erntesegen, um ihn lange nutzen zu können?

Essentials

STUFE 1: Energetisch am sinnvollsten ist es, bedarfsgerecht anzubauen und nicht bevorraten zu müssen.

STUFE 2: Bevorrate durch Methoden, die keine Zusatzenergie erfordern.

STUFE 3: Konserviere durch Erhitzen oder Frosten; vermeide dabei tunlichst Dopplungen.

STUFE 4: Gib in dankbare Hände ab, was Dir selbst zu viel ist.

ERNTEÜBERFLUSS ODER -ÜBERDRUSS?

Da ist immer wieder die Freude darüber, dass all die Lebensmittel im Garten auf wundersame Weise von allein wachsen. Da ist aber auch das Bewusstsein, dass ein prallvoller Erntekorb bis zu diesem prächtigen Erfolg dann doch einen Haufen Arbeit gemacht hat. Und, dass alles zur rechten Zeit zueinander gepasst haben musste, vom Wetter über Bienenflug, Düngung und Pflanzenschutz bis hin zur investierten Stunde um Stunde. Bei Selbstversorgern dürfte die Wertschätzung ihrer Lebensmittel größer als bei Supermarktkunden ausgeprägt sein. Damit die Bereitschaft dazu, Lebensmittel eher zu retten, als sie über den Kompost zu recyceln. Sonst wäre aller Aufwand bis zur Ernte ja nutzlos gewesen. Wohin aber mit all dem Erntesegen, wenn er mal wieder überreich ausgefallen ist?

Sooo viel auf einmal? Was nun?

AM SCHLAUESTEN: BEVORRATEN

Um die Nachhaltigkeitswirkung verschiedener Bevorratungsarten zu bewerten, bietet es sich an, zu checken, wie energieaufwändig die einzelnen Varianten sind. Als Vorstufe des Ganzen richte Deinen Anbauplan so aus, dass Du zur gewünschten Zeit im Jahr immer genug dessen hast,

GRÜNES WOHNZIMMER

Gut, dass man Kräuter trocknen kann.

AKTION GELBES BAND

Hunderttausende Obstbäume wurden einmal dazu gepflanzt, um von ihnen Tafel-, Wirtschafts- und Mostobst zu ernten. So stehen heute vielerorts Obstgehölze, die aber von ihren Eigentümern nicht mehr abgeerntet werden – und die wertvolle Ernte verkommt. Bäume, die mit einem gelben Band markiert sind (das gibt´s bei der Kommune), dürfen von jedermann in haushaltsüblichen Mengen abgeerntet werden, inklusive dem Fallobst. Zu markierten Bäumen erstellen einige Orte sogar Standortkarten.

Konservieren durch Einkochen

was Du verwerten möchtest. Diese Anbauzeiten kannst Du auf zweierlei Weisen dehnen: Beim satzweisen Anbau baust Du kleinere Mengen immer wieder nacheinander an, damit Du nicht auf einmal zu viel und dann wieder gar nichts hast. Mit frühen und späten Sorten ziehst Du die Anbauzeit im Jahr sowohl nach vorne und dehnst sie nach hinten aus. Speziell so genannte Lagersorten von Kernobst (Äpfel und Birnen) und von Gemüse (wie Möhren, Kopfkohle, Rote Bete) kannst Du frostfrei kühl einlagern, teils Wochen, teils Monate lang. Einiges Gemüse, wie Grün- und Rosenkohl, aber auch Endivien und Feldsalat, kannst Du, ggf. geschützt durch Vlies, bis weit in den Winter hinein auf dem Beet belassen. Bohnen und Erbsen kannst Du an der Pflanze abtrocknen lassen und sie dann entkernen. Durch all diese Vorgehensweisen bleibst Du komplett natürlich und hast keinen zusätzlichen Energieaufwand für Bevorratung. Auch das Salzen von Kräutern und ihr Einlegen in Öl oder Essig verbraucht keine Extra-Energie. Lange Haltbarkeit garantiert das Einkochen von Obst und Gemüse. Der Energieaufwand dazu ist gerechtfertigt, weil er Nahrungsmittel erhält und bevorratet. Auch beim Frosten roher Ware ist das so. Energetisch doppelt gemoppelt ist es aber, Dinge erst zu garen, sie dann abkühlen zu lassen und sie schlussendlich einzufrieren.

GENERÖS AN DER GARTENTÜR

Bei Gartenpforten sind häufiger mal eine Schubkarre, mal eine Kiste aufgestellt, worin sich z. B. überzählige Zucchini u.v.m. befinden. Dabei ein Schild: „Kostenfrei zum Mitnehmen. Guten Appetit!" Und vielleicht auch ein P.S.: „Sauerkirschen an Selbstpflücker abzugeben." Allesamt nette Nachbarschaftsgesten und Wertschätzung von Lebensmitteln. Kommt man dann noch über den Umweg der Überschussernte mit Menschen ins Gespräch – umso schöner. So ist es eine besonders schöne Möglichkeit, Erntezuviel nicht anonym an der Gartentüre abzugeben, sondern es an Menschen zu überreichen, die örtliche Tafeln nutzen.

Vegan leben oder Tiere nutzen?

Der Garten, eine Pflanzenwelt? Mitnichten. Das Leben tickt so nicht. Ohne Tiere keine Pflanzen. Und ohne Pflanzen keine Tiere. Eine Herausforderung für Veganer – oder doch der Beginn einer geänderten Sichtweise?

Essentials

EINEN TIERLOSEN GARTEN gibt es nicht: Ohne Pflanzen keine Tiere. Ohne Tiere keine Pflanzen.

DER EINZIG MÖGLICHE VEGANE ANSATZ der Gartenkultur ist, vom Menschen beeinflusste Tierkomponenten außen vor zu halten.

NUTZE FÜR VEGANE DÜNGUNG pflanzliche Komponenten – für deren Zerkleinerung aber auch Tiere sorgen.

REIN VEGANE DÜNGUNG und gleichzeitiger Verzicht auf Mineraldünger kann Deine Ernte schwächen.

Weg mit Honig, weil er nicht vegan ist?

INNERE UND ÄUSSERE HALTUNG

Veganismus bedeutet, auf Produkte tierischen Ursprungs komplett zu verzichten. Man mag sich für eine solche Lebensweise entscheiden, um beispielsweise seine persönliche Haltung gegen weltweit übermäßigen Fleischkonsum auszudrücken. Oder, um keinen Anteil an der Entstehung von Tierleid zu haben, wie es unzureichende Bedingungen in der Nutztierhaltung verursachen und die tatsächlich als ein No-Go anerkannt sein müssten. Egal mit welcher Begründung, mit ihrem Bekenntnis zum Veganismus setzen Menschen in dieser Zeit ein Zeichen.

DÜNGEN WIE FRÜHER

In Sachen Garten haben wir hinsichtlich der Tiernutzung eine historisch andere Herkunft. Denn Tiere und deren Produkte sind in Gartennutzungskonzepte unverzichtbar mit eingebunden. Sei es, dass man Ochsen oder Pferde zunächst vor Pflug und Egge spannte, um Böden zu bearbeiten. Und sie später verzehrte, ihre Häute als Leder nutzt. Sei es, dass man Bienen dazu einsetzte, um die jährlich abermillionen Blüten im Obstgarten zu bestäuben und den Honig dieser Tiere verzehrte. Sei es letztlich, indem man die Vorteile der Düngung mit tierischen Komponenten verstand, von Gülle und Mist bis Horn- und Hufspänen. Sie alle

GRÜNES WOHNZIMMER

Kleinvieh macht auch Mist – gut so!

PRAKTIKABILITÄT

Veganismus der reinen Lehre, lässt sich im Garten nur insofern strikt durchziehen, als dass man alle anthropogen beeinflussten Faktoren außen vor ließe, wie organischen Dünger aus konventionellen und selbst aus Bio-Landwirtschaftsbetrieben. Selbst Mist und Gülle vom tierverwöhnenden Gnadenhof könnten dann aus grundsätzlicher Haltung heraus im Garten nicht als Dünger verwendet werden.
Damit dem Boden ausreichend Humus zugeführt wird, kann nur in geringem Maße auf Mineraldünger ausgewichen werden. Darüber hinaus düngt der Kompost den vegan gepflegten Garten und kompensiert daraus resultierende Nährstoffmängel der Pflanzen mithilfe gezielter Gaben von Ergänzern.

VEGAN DÜNGEN

Dünge, wenn Du es vegan tun möchtest, mit entsprechend erzeugter Komposterde. Nutze Leguminosen und andere Gründüngerpflanzen als Vor-, Zwischen- und Nachkulturen und arbeite sie in den Boden ein. Verwende nicht von Pflanzenkrankheiten befallene, zerkleinerte Pflanzenreste und anderes Grüngut zum Mulchen der Böden. Lege Beete in Mischkulturen an. Verwende Pflanzenjauchen, speziell für getopfte Pflanzen. Ermittle mithilfe von Bodenproben alle zwei Jahre, welche Nährstoffe dem Boden möglicherweise fehlen, und dünge die dann gezielt nach.

sind nährstoffreich und Düngekomponenten pflanzlicher Herkunft häufig sogar überlegen. Wegen der in ihnen enthaltenen oft höheren Nährstoffdichte bedeuten tierbasierte Pflanzennährstoffe häufig bessere Pflanzenernährung und damit bessere Ernteergebnisse.

VERHÄLTNISMÄSSIG

Sollten gärtnernde Tierliebhaber also Kot und Klauen von Tieren allein deswegen nicht für die Pflanzenernährung nutzen, weil sie von Tieren stammen? Pflanzenernährung tierischen Ursprungs lässt sich im Garten ohnehin nicht vermeiden (siehe auch Seite 74). Sein Boden ist voll unverzichtbarer, entstehender und vergehender Bodenfauna, deren enthaltene Nährstoffe in Pflanzenwurzeln verschwinden. Jede Feder, jeder Vogelkot, jedes Tierhaar, jedes tote Garteninsekt und jeder andere Tierkadaver, den die Katze abgelegt hat, desgleichen.

Heimtiere im Garten – schön oder schädlich?

Katzen fressen Gartenvögel, Hunde verdrecken Gassiwege und beide zusammen haben einen fürchterlich schlechten CO_2-Footprint. Gründe genug, um auf sie und andere Heimtiere gänzlich zu verzichten? Und was ist mit Hühnern?

Essentials

HEIM- UND HAUSTIERE zu halten, ist nicht per se nachhaltigkeitsschädlich.

ACHTE AUF ZUSAMMENSETZUNG und Herkunft des Futters.

ZWEITE UND DRITTE STELLSCHRAUBE der Nachhaltigkeit sind dann die Art der Verpackung von Futter und Zubehör und tunlichst regionale Beschaffungswege.

DER FEINE UNTERSCHIED

Der Unterschied zwischen Haustier und Heimtier? Ganz einfach: Haustiere werden gehalten, weil sie Menschen einen praktischen Nutzen bedeuten. Heimtiere werden der Freude wegen gepflegt, die man an und mit ihnen hat.

Diese Unterscheidung ist nicht immer trennscharf. An der Grenze vom Garten zur kleinen Landwirtschaft eh nicht. Die Diskussion über die Nachhaltigkeit der Tierhaltung betrifft aber längst beide: Haustiere und Heimtiere. Darum führen wir sie auch hier auf.

Laufenten fangen Schnecken effektiv – toll in „Schneckenjahren".

HAUSTIERE – DIE NEUEN HEIMTIERE

Laufenten in all ihren Farbformen werden gerne als naturnahe, zuverlässige „Schneckenvertilger mit Familienanschluss" gehalten, machen aber auch vor Gartenpflanzen, wie Salat und Teichpflanzen, nicht halt. Am besten weist Du ihnen wechselnde Lebensbereiche zum „Durchputzen" zu. Bei völligem Freilauf hingegen, verschmutzen sie Deinen Garten mit reichlich Kot, wie Hühner auch. Diese sind als Eierlieferanten ebenso hipp, wie als Kuschelhühner, und als Recycler von vielerlei Küchenabfällen. Wie übrigens Kaninchen auch. Denn beider Mist wandert zurück in Beet und Boden. Schlussendlich auch der von Minischafen als vierbeinige Rasenmäher, deren Schur Du ebenfalls als hochwertigen Dauerdünger einsetzen kannst. Hier kommt speziell das bretonische Zwergschaf (Ouessantschaf, Ushant) zum Einsatz. Diese kleinste europäische Rasse hat eine Widerristhöhe von gerade mal 45–50 cm.

HEIMTIER-HACKS

Hunde vollwertig, aber fleischreduziert füttern. Die Proteine können ersatzweise aus z. B. Insekten oder Leguminosen stammen.
Hundekotbeutel aus nachwachsenden Rohstoffen verwenden.
Kaninchen, Meerschweinchen, Zwergschafe etc. so lange wie möglich im Jahr mit Gras und Grünzeug aus dem eigenen Garten versorgen.
Aquarien mit solchen Arten pflegen, die weniger Energieaufwand für das Aufrechterhalten einer höheren, z. B. tropischen Wassertemperatur benötigen.
Gartenteiche mit Biotopfischen besetzen, die kaum Zufütterung benötigen.

Wiesenmäher. Düngebonus inklusive

DAS DRUM UND DRAN

Bei all diesen Garten-Haustieren, die sich übrigens schnell auch in Deinem Herzen einnisten, investierst Du in Aufwand für Stallungen, Zubehör, Versorgungsarbeit, Futtermittel und ggf. Tierarztkosten. Wie nachhaltig ist es also, diesen Aufwand zu tolerieren? Rein kalkulatorisch legst Du bei solcherlei Haustierhaltung meist drauf. Erwirtschaftest, wo Du es nicht in Profigröße betreibst, bestenfalls eine Nullsumme. Ziehe in Deine Überlegungen den Nutzen für Deinen Garten mit ein und die Tierfreude für die Familie, als nicht quantifizierbare Werte. Entscheide Dich für langjährige Haltung, dann verteilt sich der Aufwand auf eine entsprechende Nutzungsdauer. Danach gilt: Kaufe möglichst nachhaltig erzeugtes, regional gehandeltes Zubehör, regional erzeugtes Stroh und Heu. Wesentlich für den Footprint Deiner Tiere sind Art, Zusammensetzung und Herkunft des Tierfutters, gefolgt von dessen Verpackung (Monofolie statt Layerfolie). Bei Fleischfressern, wie Hund und Katze, auch der Fleischanteil des Futters: Vollwertige Alleinfuttermittel mit geringem Fleischanteil sind nachhaltiger als solche mit hohem.

MENSCH UND TIER

Tierliebe ist eines der Werte der Menschlichkeit. Daher hat Heimtierhaltung für Menschen ihren ganz eigenen Wert. Einen, den man ihnen aus angeblich Nachhaltigkeitsgründen nicht absprechen sollte oder gar darf. Vielmehr gilt es zu schauen, für welches Tier man sich entscheidet und wie nachhaltig es anschließend versorgt wird, von Futter bis Zubehör, von Verpackung bis Beschaffungswege.

Nachhaltige Biodiversität

Mitten drin. Weil Bio divers ist. Damit das Leben auch den verborgensten Winkel erreicht. Aber Du bist der Boss. Weil Garten stets gestaltete Natur ist. Mache also. Forme. Präge. Denn Leben will weiterleben. Zukunftsfreudig. Zukunftssicher. Deswegen ist es Dein Ding, im Garten nachhaltig zu leben.

Insekten: lästig oder lebensnotwendig?

Sssssssssss – patsch, tot. So starb am Abend auf Terrasse oder Balkon schon manch lästige Stechmücke. Insekten wie Schmetterlinge, Hummeln und Bienen finden wir sympathisch und behandeln sie geradezu pfleglich. Also, was jetzt?

Essentials

INSEKTEN SIND IM GARTEN UNVERZICHTBAR, haben aber auch ihre lästigen Seiten.

DAHER GILT, DIE LÄSTIGEN (z. B. Stechmücken, Obst- und Gemüseschädlinge) zurückzudrängen und Nützlinge durch eine Vielzahl von Maßnahmen zu fördern.

SPONTANFLORA geht häufig vor Einsaat mit Insektenschutzpflanzen – Kombinationen sind allerdings möglich.

WAS INSEKTEN FÜR UNS TUN

Alarmstufe Rot. Längst pfeifen es die (hungernden) Spatzen von den Dächern: unsere Insektenpopulationen nehmen ab. Schon sieht man in chinesischen Obstplantagen Menschen versuchsweise in blühenden Bäumen klettern, um dort, mit Pinseln bestückt, Blüten zu bestäuben. Das haben sonst Bienen gemacht. Je nach Wetter zuverlässig, vor allem aber kostenlos. Nicht auszudenken, würden uns die Bestäuber von unseren Nahrungspflanzen verlorengehen.

Während der Reinheitsgrad der Verunkrautung von Agrarflächen heute bei weit über 90 % liegt und Ackerrandstreifen samt darauf gedeihender Krautflora zurückgedrängt werden, nimmt das Bewusstsein zu, Insekten schleunigst wieder Raum geben zu müssen. Nicht nur aus Eigennutz, als Wirtschaftsfaktor. Auch von der Erkenntnis getrieben, dass sie im ökologischen Netzwerk, einschließlich der Nahrungsketten, eine tragende Rolle spielen. Schwinden Insekten, dann auch Insekten- und Vogelarten, die von deren Verzehr abhängig sind.

Insektenfresser: Rotkehlchen

NACHHALTIGE BIODIVERSITÄT

VIELFALT VERBINDET

Je größer die Angebotsvielfalt an blühenden Blumenzwiebeln, Saisonblumen, Stauden, Sträuchern, Bäumen und nicht zuletzt Wildpflanzen im Garten, desto verlockender für die Kerbtiere, sich all deren Pollen und Nektar zu bedienen, an oder in ihnen Wohnung zu beziehen. Auch das Laub der Pflanzen kann von Bedeutung sein. So wie das des Faulbaums *(Frangula alnus)*, Lebensgrundlage der Raupen des Zitronenfalters. Oder das der Brennnessel *(Urtica dioica)*, Kinderstube des Tagfalters Kleiner Fuchs. Denen gegenüber oft vernachlässigt, sind die Bedürfnisse der Nachtfalter, die sich am Nektar der Nachtdufter laben, wie Jelängerjelieber *(Lonicera caprifolium)* und Nachtviole *(Hesperis matronalis)*. Übrigens: Schütze Nachtfalter vor nächtlichem Lichtsmog, wie dauerleuchtenden (Solar)Lampen (siehe Seite 56/57).

Ausgesäte Mischungen seien verhinderter Platz für Wildflora, ist die Auffassung von Deutschlands Extrembotaniker, Jürgen Feder. Er empfiehlt vielmehr, passende Gartenbereiche der Spontanflora zur freien Verfügung zu geben. Da siedelt sich dann mit der Zeit an, was dort natürlicherweise am besten gedeiht. Und zieht die dazu passenden heimischen Insekten nach sich.

MAL UNTERSTÜTZEN ...

Zusätzlich zur Vielfalt all Deiner Gartengewächse hast Du die Möglichkeit, Steinhaufen, Sandhaufen, Totholz sowie Insektenhotels und -tränken bereitzustellen. Achte für mehr Nützlingspower im Garten auf ein reiches Angebot an nektar- und pollenreichen, tunlichst nicht gefüllten Blüten, vom Spätwinter bis zum Herbst. Verzichte tunlichst auf Pestizide. Versehe Gartenteich und Vogelbad mit einer Ausstiegshilfe für hineingefallene Tiere.

...MAL VERWEHREN

Von Apfelwickler und Blattlaus über Erdeule und Frostspanner bis Schildlaus und Zwiebelfliege: Insekt hin oder her, im Garten richten sie Schaden an. Nicht tragisch, sofern sie unterhalb einer nicht mehr verträglichen Schadschwelle bleiben. Dann bieten sich statt chemischem Pflanzenschutz zahlreiche mechanische Abwehrmöglichkeiten an, von Leimringen und Gelbtafeln bis hin zu Gemüseschutznetzen und der Förderung von Nützlingen, also natürlichen Gegenspielern wie Marienkäfer und deren Larven gegen Blattläuse.

STECHMÜCKEN MANAGEN

Sie entwickeln sich in stehendem Wasser. Sogar im Übertopf, in dem sich Regenwasser angesammelt hat. Verhindere ungewollte Wasseransammlungen oder leere sie aus. Decke die Sammelbehälter ab. In Gartenteichen werden Mückenlarven von Biotopfischen wie Elritze, Moderlieschen und Stichling vertilgt. Bei Sitzplätzen halten Walnussbäume Stechmücken fern, desgleichen die Duftgeranien *Pelargonium crispum* und *Pelargonium citriodorum* sowie der Harfenstrauch (*Plectranthus*-Arten).

Puppen vom Schwalbenschwanz

Igel: nützlich, oder nur sympathisch?

Igel werden als Schneckenvertilger wertgeschätzt. Tatsächlich aber haben sie ein umfangreicheres Nahrungsspektrum und fressen längst nicht jede gartenschädliche Schneckenart. Sind sie trotzdem Gartennützlinge?

Essentials

IGEL SIND NICHT PER SE die wichtigsten Verbündeten gegen Schnecken im Garten.

IGEL SIND AUCH Nützlingskiller.

DIE FREUDE AN IGELN im Garten hat zwei Seiten: den Schutz von Igeln ebenso, wie die Förderung anderer Nützlinge.

WIR KÖNNEN IGEL durch einfache Gestaltungsmaßnahmen fördern.

WAS IGEL FÜR UNS TUN

Es zählt – neben Rotwein und guten Gesprächen – zu den Glanzlichtern im spätabendlichen Sommergarten, wenn sich ab der einsetzenden Dämmerung Igel schnaubend und schmatzend durch den Bewuchs schieben. Igel sind in ihrer sympathischen Art nicht nur nett anzuschauen und erfreuen sich weithin einer „Mecki"-Beliebtheit, sie werden auch als „Fressmaschinen" in Sachen Schneckenvertilgung wahrgenommen. Es lohnt sich aber, hier genauer hinzuschauen. Wie Maulwurf und Spitzmaus auch, gehören Igel der zoologischen Ordnung der Insektenfresser an – unschwer an ihren spitzen Insektenkillerzähnen zu erkennen. Hinweis Nummer 1 darauf, dass ihr Gebiss nicht allein für den Verzehr von Schnecken gemacht ist. Wirft man einen Blick auf die prozentuale Zusammensetzung der von ihnen aufgenommenen Nahrung, so weisen zoologische Untersuchungen aus, dass diese zu einem

Wichtiger Igeldurchschlupf im Zaun

Drittel aus Regenwürmern besteht, zu ein bis zwei Dritteln aus Käfern und darüber hinaus aus allerlei Insekten, Kerbtieren, Kleinsäugern, Jungvögeln, Eiern – und eben Schnecken. Die aber nur in einer Menge von gerade einmal bis zu 10 %. Diese nur kleine Schneckenfressmenge von unter 10 % verbirgt sich hinter dem Bild des Igels als großem Schneckenverzehrer. Allerdings sind da auch die immens großen Käfermengen, welche die Igel fressen.

NACHHALTIGE BIODIVERSITÄT

Wohnungsbau für Igel: beachte die Anforderungen an einen solchen Unterschlupf.

Igel sind nicht die riesen Schneckenvertilger, als die sie hingestellt werden.

Und eben hier gilt es zu bedenken, dass Igel auch die vom Hobbygärtner durch umfangreiche Maßnahmen mühsam als Schneckenverzehrer in den Garten geholten Käferbestände abweiden. Lauf- und Leuchtkäfer, Schneckenräuber- und Totengräber-Käfer, sie alle werden allzu leicht vom Jäger zum Gejagten, wenn Igel sich im Garten tummeln. Igel im Garten trotzdem fördern?

IGEL IM GARTEN FÖRDERN

Die Antwort lautet: Das eine tun, das andere nicht lassen! Also der Käferfauna im Garten so viele Lebens- und Rückzugsmöglichkeiten anbieten wie eben möglich, damit sich möglichst viele von ihnen im Garten ansiedeln und sich zwischen Steinen, unter Laubspreu und Totholz erforderlichenfalls erfolgreich vor Igeln verstecken können.

Und für Igel? Ganz einfach: giftfrei gärtnern; Fallgruben abdecken (wie Erdlöcher, Schächte), aber Zäune mit Durchschlupf versehen (Höhe und Breite 15–20 cm); Gartenteiche mit Not-Ausstiegshilfen ausstatten; Igeln Trinkwasser anbieten, Kinderstuben und Winterquartiere, wie ein MoBitop (das mobitop.de) oder Laub- und Reisighaufen bzw. Benjeshecken.

GESCHMACKLICHE VORLIEBEN

Schlussendlich ist auch für Igel Schnecke nicht gleich Schnecke. Offenbar haben sie geschmackliche Vorlieben. So ist beobachtet worden, dass Igel unter den Nacktschnecken Tigerschnegel (diese ernähren sich von totem Pflanzenmaterial und Nacktschnecken, also selbst sehr nützlich!), Boden-Kielschnegel und junge Gartenwegschnecken gerne verspeisen, ausgewachsene Wegschnecken aber durchaus links liegen lassen.

Ein Igel von knapp einem Kilo Körpergewicht verzehrt von April bis Oktober täglich etwa 200 g Nahrung, also im Schnitt auch knapp 20 g Schnecken.

Schnecken: kurzer Prozess oder nachhaltiges Management?

Die meisten Varianten der Schneckenabwehr enden für die Tiere tödlich. Dabei erwischt es auch nützliche oder gar geschützte Arten. Wie wärs mit einer nachhaltig angelegten Strategie?

STRATEGIE-WISSEN ÜBER SCHNECKEN

Nacktschnecken geraten in tödliche Austrocknungsgefahr, wenn sie von ihren 80 % Wassergehalt 20 % eingebüßt haben, z.B. durch Schleimabgabe. Daher sind sie dann bzw. dort unterwegs, wo es feucht ist (Regenwetter, nächtlicher Tau, auch in feuchteren Gartenpartien oder -nischen). Ihr Temperaturoptimum liegt obendrein bei 15 bis 20 °C. Lassen also Temperatur (z.B. nachts zu kalt oder tags zu warm) und Feuchteangebot (z.B. nachts zu wenig Tau, tags zu trocken) nur kürzere Fresszeiten zu, verringern sich Aktionsradius und angerichteter Schaden. Im Umgebungsoptimum „rennen" Schnecken etwa einen Stundenmeter schnell – und sogar noch flotter. Ihr Aktionsradius liegt, genügend Futter vorausgesetzt, bei etwa 2 m rund um ihr Versteck. Der wirksamste Bekämpfungsort und -zeitraum lässt sich also mit etwas Übung abschätzen, oder sogar beobachten.

EFFEKTIV – UNEFFEKTIV?

Welche ist Deine bevorzugte Form, um Schnecken im Garten außen vor zu lassen? Bierfallen duften Schnecken aus zehn bis 20 m Entfernung herbei – möglicherweise auch aus Nachbars Garten. Schnecken zerschneiden wirkt final, ist aber nicht die feine Gärtnerart. Köder, die Schnecken umbringen, erwischen auch geschützte Arten (wie den Bierschnegel) oder nützliche (wie die Weinbergschnecke). Unter den Schnecken ist die ein eifriger Räuber, die Schneckengelege aufspürt und deren Eier verzehrt. Zusammen mit der Gartenschnirkelschnecke sind beide Beispiele für Arten, die ohnehin im Garten nur selten die Schwelle zur Schädlichkeit überschreiten und deswegen praktisch nicht bekämpft werden müssen.

Stopp! Geschützter Bierschnegel

NACHHALTIGE BIODIVERSITÄT

Du merkst: Es ist ein umfassenderer Blick auf die Schneckenstrategie im Garten erforderlich. Sie gesteht Schnecken ihren Platz im ökologischen Netzwerk zu, sorgt vor – und greift erforderlichenfalls ein.

NACHHALTIGES GARTEN-MANAGEMENT

Verhindere flächig nasse Beete, indem Du die Pflanzen gezielt bewässerst, z. B. durch Einzelpflanzenbewässerung per Gießkanne oder mithilfe von Tropfschläuchen auf dem Gemüsebeet. Schnecken nutzen Erdspalten und erdnahe Unterschlüpfe als Verstecke. Zerstöre also Mauselöcher etc. und hacke auf Schneckenterrain wo möglich besser flach (Bügelzughacke) als tief (Grubber). Absammeln in den Abend-/Nachtstunden von Schnecken ist dann probat, wenn es einen gartenfernen Ort zum Aussetzen gibt – oder aber Hühner oder Laufenten, die die Schnecken fressen. Empfehlenswert sind Schneckenzäune aus lange Zeit nutzbarem und danach recycelfähigem Material. Und: Fördere Fressfeinde der Schnecken. Beispiele für Säugetieren sind Hausspitzmaus und Gartenspitzmaus; Baumschläfer, Gartenschläfer und Siebenschläfer; Rotfuchs und Marder inklusive Dachs. Fördere auch Vögel (Drosseln!) und Kerfen (wie Aaskäfer und Scheinaaskäfer, Hornfliegen, Kurzflügelkäfer, Leuchtkäfer, Riesenlaufkäfer, Schaufelläufer, Schneckenkanker, Schneckenräuber, Steinkriecher).

Schneckenzäune sind höchst wirksam.

Schneckenkorn enthält wahlweise Metaldehyd oder Eisen-II-Phosphat als Wirkstoff. Letzteres ist für Warmblüter ungefährlich, also auch für z. B. Igel oder Spitzmaus.

GEPFLEGTE UNORDNUNG

Unterschätze nicht die eigenständige Leistungsfähigkeit einer artenreichen Kerfenfauna in Deinem Garten! Manche Schnecke, manches Schneckengelege, ist ihnen schon zum Opfer gefallen. Nachhaltig stabile Populationen von Kerbtieren förderst Du durch das passende Biotop für sie: Flächen mit reichlich Moos, Laub, Steinhaufen, Totholz mit Rinde, dazu noch mit etwas Reisig unterlegte Steinplatten.

Essentials

WIRKSAMSTE MECHANISCHE ABWEHR ist der Schneckenzaun

BIERFALLEN laden eher die halbe Nachbarschaft der Schnecken zur Party ein.

BODEN HACKEN unterstützt Dein Battle gegen Schnecken.

SCHNECKEN SIND ziemlich zimperlich, daher gibt es etliche Möglichkeiten, sie zu beeinträchtigen.

FÖRDERE DIE ANTI-SCHNECKEN-FAUNA, allen voran die Kerfenfauna.

Gartenvögel: Schnell-Imbiss oder Selbstversorgung?

Unbestritten: Wo die Lebensumstände für Wildvögel dramatisch schwieriger geworden sind, werden Gärten für sie zu ganzjährigen Unterstützungsoasen. Wie aber, sieht die am besten aus?

Essentials

GARTENVÖGEL nehmen Unterstützung gerne an.

EIN UMFASSEND VOGELFREUNDLICHER GARTEN ist für Vögel nicht nur Fast-Food-Station, sondern Heimatrevier.

VOGELVIELFALT BEDEUTET Vielfalt an Ernährungs- und Brutgewohnheiten. Darauf musst Du Dich für wirksamen Vogelschutz einlassen.

VOGELSCHUTZ IM GARTEN ist fast so schön wie Heimtierhaltung – nur mit weniger „Müssen müssen".

FAKTEN-CHECK: ARTENSTERBEN

Die Entwicklungen der Vogelpopulationen in Deutschland sind, dank 50-jähriger ornithologischer Forschung, genau bekannt: Von 259 hierzulande ständig brütenden Arten sind inzwischen mehr als 50 % gefährdet. Unter ihnen in besonderem Maße Insektenfresser und Vogelarten der offenen (Agrar)Landschaft. Zugvögel sind gleich doppelt bedroht, da sie unterwegs und in ihren Überwinterungsgebieten nicht auf minder schwierige Lebenssituationen treffen – oder dort gar bejagt werden.

Die Ursachen für das globale Vogelsterben sind vielfältig, reichen von intensivierter Landwirtschaft (die vom Preisdruck billiger Lebensmittelpreise getrieben ist) über Insektizideinsätze (zum Schutz unserer Ernten) bis zum (von uns allen mit verursachten) Klimawandel. Insofern keine prickelnde Idee, der Natur freien Lauf zu lassen: sie läuft ja nicht frei, sondern krankt an menschengemachtem Artensterben. Wie lange es braucht, bis sich die Menschheit auf Verhaltensänderungen einigt, oder es dauert, bis Vogel-

Vogelbad, und zwischendurch ein Schluck

NACHHALTIGE BIODIVERSITÄT

Vögel lieben strukturreiche Gärten.

Nistkästen: wie viele hängen bei Dir?

rettungsprogramme durchgeführt werden, können wir selbst allein nicht entscheiden. Wohl aber zumindest den Vogelarten in Deinem eigenen Lebensumfeld unter die Flügel greifen.

WAS IM GARTEN WIRKLICH HILFT

Biete Vögeln eine Heimat! Sorge für einen abwechslungsreichen, Flora und Fauna unterstützenden Garten – für Blütenfülle und Gehölze, für natürliche Vogelnahrung und Nistmöglichkeiten. Hänge zudem Nistkästen für Höhlenbrüter (wie Meisen), aber auch Halbhöhlenbrüter (wie den Hausrotschwanz) auf. Richte diverse katzensichere, ganzjährig betreute Futterplätze ein, anstatt nur einen, an dem dann allzu leicht Tohuwabohu herrscht (z. B. Futterhäuschen und Futterspender, Fettknödel und Vogelschmause in unterschiedlichen Rezepturen). So kommen nicht durchsetzungsstarke Arten wie Rotkehlchen oder Zaunkönig stressfreier zu ihrem Recht. Berücksichtige dabei die Anforderungen von Körnerfressern, Insektenfressern und Weichfressern an ihr Futter. Vergiss Vogelbad und -tränke nicht! Unterstütze Deine Familie, inklusive der Kinder, in ihrem Erlebnishunger rund um den Funfaktor Natur.

Wusstest Du, dass Zufütterung bei Singvögeln nicht ihren natürlichen Trieb unterbindet, Insekten zu jagen? Gartenvögel sehen Futter aus Menschenhand als Zubrot an. Haben sie anderweitig ausreichend Nahrung, bleibt solches Zubrot liegen. Wie auch dann, wenn die ihnen angebotenen Futtermischungen nicht art- und schnabelgerecht sind.

WER FRISST WAS?

Körnerfresser (wie Finken, Zeisige), Insektenfresser und Weichfresser (wie Amsel, Goldhähnchen, Heckenbraunelle, Kleiber, Meisen, Rotkehlchen, Star und Zaunkönig) – bei ihnen ist nomen omen und bezeichnet verschiedene art- und schnabelgerechte Ernährungsweisen der Vögel. Auf sie entsprechend abgestimmt, sind spezielle Ganzjahresfuttermischungen rezeptiert (z. B. mit Weich- und Krebstieren, Insekten, Früchten, Nüssen sowie mit hochwertigen fettgetränkten, platt gewalzten, zarten Haferflocken).

Wildkräuter: Konkurrenz oder Koexistenz?

Mit den Blumen-, Kräuter- und Gemüsesamen keimen auch ungebetene Gartengäste – die Wildkräuter. Unkraut genannt, weil sie weithin als Konkurrenten der Nutzpflanzen um Wasser, Nahrung und Licht angesehen werden.

WAS MACHT DAS KRAUT ZUM „UN"-KRAUT?

Der Garten geht mit sauberen Beeten in den Winter. Bis Ende Oktober sind alle geräumt, außer jene mit überwinternden Kulturen. Es zählt zu den großen Gärtnerfreuden, saubere Beete im März/April neu einzusäen und zu bepflanzen. Mit ihnen keimen allerdings auch die unbeliebten Wildkräuter. Und doch haben all diese Pflanzen ihren Nutzen im ökologischen Netzwerk. Umso mehr, als Wildkräuter in der Feldflur immer mehr zurückgedrängt werden und auf herbizid behandelten Äckern ganz verschwinden. Ihr Laub fehlt dem äsenden Wild, ihre Blüten den suchenden Insekten, ihre Samen den hungrigen Wildvögeln. Verkehrte Welt?
Aber ist das Ausmaß der von Unkräutern verursachten Beeinträchtigung ernsthaft

Wurzelunkräuter tiefgründig entfernen!

relevant? Das hängt wesentlich vom Befallsdruck ab, also der Anzahl von Wildkräutern im Vergleich zu der der Kulturpflanzen. Sprich: Versinken diese im Unkraut, ist das hinderlich. Stehen nur wenige oder nur kleine von denen im Beet, ist das meist unerheblich. Ausgerechnet Gärten als Refugium des Unkrauts?

DIE VERTRÄGLICHEN

Acker-Gauchheil (*Anagallis arvensis*), Acker-Stiefmütterchen (*Viola arvensis*), Wildes Stiefmütterchen (*Viola tricolor*) und Portulak (*Portulaca oleracea*) beeinträchtigen die Beetpflanzen praktisch gar nicht. Unpassend treten flach wachsende, sich teppichartig ausbreitende Kräuter wie Niederliegender Ackerfrauenmantel (*Aphanes arvensis*), Fuchsschwanz (*Amaranthus blitoides*) und Vogelmiere (*Stellaria media*) erst dort auf, wo sie z. B. frisch gekeimte, langsamer wachsende Jungpflanzen (wie Kerbel, Möhren, Petersilie, Säzwiebeln) zu überwuchern beginnen.

Essentials

UNKRAUT IST EIN RELATIVER BEGRIFF gemessen an der Größe des Störfaktors an seinem Vorkommen im Garten.

WURZELUNKRÄUTER SIND DIE LÄSTIGEREN, weil ihnen schwerer beizukommen ist; Samenunkräutern ist einfacher beizukommen.

EINIGE UNKRÄUTER sind quasi Wildsalat- bzw. Wildgemüsepflanzen.

AN DAZU GEEIGNETEN, z.B. sonst ungenutzten Gartenecken, kannst Du Spontanflora als Beitrag zu mehr Biodiversität gewähren lassen (sie dort aber vor einer Ausbreitung in den Rest des Gartens hinein eindämmen!).

DIE SCHLIMMEN

Anders ist es mit den Ungetümen aus dem Untergrund wie Gemeine Quecke *(Agropyron repens)*, Giersch *(Aegopodium podagraria)*, Acker-Schachtelhalm *(Equisetum arvense)*, Kleiner Sauerampfer *(Rumex acetosella)*, Kleine Brennnessel *(Urtica urens)* – manchmal auch Löwenzahn *(Taraxacum* aggr.). Allesamt Wildkräuter, die aus Wurzeln bzw. Rhizomen regenerieren und daher nur schwer – am besten daher frühzeitig und gründlich – zu bekämpfen sind. Auch Unkrautsamen (siehe Kasten) sorgen lange und leicht für Wildkräuternachwuchs.

DIE WILDEN ZÄHMEN

Entferne Wurzelunkräuter im Garten frühzeitig und gründlich. Am besten gelingt das bei leicht feuchtem Boden und mithilfe einer Grabegabel (bei flächigerem Befall) oder eines Unkrautstechers (bei geringerem Befall). Entsorge Wurzelunkräuter über die Hausmülltonne, damit sie auf dem Kompost nicht etwa überleben. Entferne Samenunkräuter, wo sie überhandnehmen, und dann tunlichst vor dem Aussamen (siehe Kasten). Frisch gekeimte Samen-Wildkräuter können sogar dort, wo sie teppichartig dicht wachsen, bis zu einer Höhe von ca. 3–7 cm im Beet bleiben. Dann hackt man sie bei trockenheißem Wetter ab, damit sie rasch absterben und nicht wieder anwurzeln. So bedeckt ihr Laub den Boden und sie verrotten noch an Ort und Stelle. Damit beleben sie die Bodenfauna, reichern den Boden mit Nähr- und Huminstoffen an und fördern insgesamt die Bodengare.

WILDKRAUTSAMEN MIT LANGZEITWIRKUNG

So viele Samen bildet eine Pflanze / und so viele Jahre lang bleiben sie im Boden keimfähig:

Franzosenkraut *(Galinsoga parviflora)*
350–500 / 7–8

Acker-Hahnenfuß *(Ranunculus arvensis)*
250 / 10

Kleiner Ampfer *(Rumex acetosella)*
1.000 / über 10

Gemeines Greiskraut *(Senecio vulgaris)*
4.000 / 3

Acker-Senf *(Sinapis arvensis)*
1.200 / über 35

Schwarzer Nachtschatten *(Solanum nigrum)*
500 / über 40

Gemüse-Gänsedistel *(Sonchus oleraceus)*
4.500 / um 8

Vogelmiere *(Stellaria media)*
15.000 / über 50

Gänseblümchen, Hirtentäschel, Löwenzahn, Portulak, Sauerampfer, Spitzwegerich – alles Unkräuter und, als junge Blätter geerntet, zugleich auch schmackhafte Wildkräuter-Salatpflanzen. Giersch kombiniert mit Petersilie und Liebstöckel – und ergibt, eigenständig, ein leckeres Pesto!

Gehölze: heimisch oder exotisch?

Sind Gartenschönheit und der Anspruch an nachhaltige ökologische Nützlichkeit der Gartenpflanzen kombinierbar? Und punktet in Sachen Klimawandel „heimisch" vor „exotisch"?

Wildstrauch? Nee, Vogelbüfett!

DER UNTERSCHIED

Garten ist gestaltete Natur, sei es als Nutzgarten mit all seinem Essbaren, sei es als Ziergarten mit all dem, was in erster Linie Auge und Herz erfreut. Ziergarten ist Kreativität, ist Formgebung, ist mit seinen Augen- und Nasenschmeichlern geradezu eine Sinnesoase rund ums Jahr. Von Azalee (stammt aus Japan) bis Zinnie (stammt aus Mexico) finden sich im Ziergarten Pflanzen mit Herkünften aus aller Welt, um mit ihnen nach allen Regeln der Gestaltungskunst und Farbenlehre geradezu fantastische Gartenszenerien zu kreieren. Wusstest Du aber, dass es auch zahlreiche Pflanzen aus eigenen Breitengraden gibt, die gestalterisch hochwertig und damit gartenwürdig sind? Zumal sie üblicherweise aufgrund ihrer Herkunft von hier intensiver in das ökologische Netzwerk eingebunden sind? Am Gingko im Garten tummeln sich heimische Insekten kaum, an Hainbuche und Holunder hingegen schon. Klimawandelfreundliche Gartenexoten haben ihre Bedeutung. Klimawandel verträgliche heimische Gartenpflanzen aber umso mehr – passen sie doch besser zur heimischen Insektenwelt.

Wo Rosen (v)erblühen, wachsen Hagebutten

SCHNELLER ÜBERBLICK

In Deutschland gelten etwa 150 bis 200 Wildgehölze als heimisch, von Weiß-Tanne *(Abies alba)* bis Mistel *(Viscum album)*. Darunter Bäume über 20 m hoch, z. B. Stiel-Eiche; 15–20 m hoch, z. B. Hainbuche und ca. 5–15 m hoch, z. B. Eberesche. Ihnen folgen die Großsträucher ca. 3–7 m hoch, z. B. Haselnuss; Sträucher 1,5 bis 3 m hoch, z. B. Hunds-Rose; Kleinsträucher 0,5–1,5 m hoch, z. B. Seidelbast und Zwergsträucher 0,1–0,5 m hoch, z. B. Besenheide. Plus Klettergehölze wie Efeu und Jelängerjelieber.

STUNDE DER SPEZIALISTEN

Was Menschen in der Natur als Variation auffiel, haben sie häufig als Zierde von Garten und Park übernommen: Blattdiversitäten (z. B. gelblaubige Haselnuss, rotblättriger Holunder, geschlitztblättrige Rot-Buche), Contorta-Formen (z. B. Korkenzieherhasel), Fruchtdiversitäten (Formen von z. B. Erdbeere, Kornelkirsche oder Vogelbeere), Hängeformen z. B. Hänge-Tanne, Trauer-Birke, Trauer-Buche), Kriechformen (z. B. kriechende Eibe, kriechender Wacholder), Säulenformen (von z. B. Rot-Fichte, Sand-Birke, Rot-Buche, Hainbuche, Eibe und Stiel-Eiche). Gartenpflanzen mit heimischem Ursprung finden sich in ausgesuchten Varianten, wie z. B. Säuleneiche, Korkenzieherhasel und Großfruchtigem Holunder, in Baumschulen und Gartencentern recht häufig. Weitaus umfangreicher ist die Pflanzenvielfalt beim gemeinnützigen Verein Ahornblatt in Mainz (ahornblatt-pflanzenvielfalt.de). Dort werden heimische Wildpflanzen und aus ihnen hervorgegangene Variationen bzw. Sorten gesammelt, vermehrt und an Pflanzenfreunde und Gartenliebhaber abgegeben. Durch Nutzung dieses Angebots durch möglichst viele, sollen diese besonderen Pflanzen für die Zukunft erhalten bleiben.

Essentials

HEIMISCHE GEHÖLZE besiedeln praktisch alle heimischen Standorte.

DAMIT LIEFERN SIE POTENZIELLE GARTENPFLANZEN für nassere, trockenere, wärmere, kältere, hellere, dunklere Standorte.

WEIL DER GARTEN GESTALTET SEIN WILL, haben besondere Formen heimischer Gehölze besonderen Wert zur Gestaltung naturnaher Gärten.

MEHR NOCH ALS EXOTEN zahlen heimische Gehölze auf das Zusammenspiel mit heimischer Insektenfauna ein.

IM ZUGE DES KLIMAWANDELS wandelt sich auch die Flora, exotische Gehölze können daher zusätzliche Nahrung bieten.

VIELFALT PFLANZEN

Im Garten lassen sich solche „Heimische in bunter Vielfalt" in einem Garten einbinden, der ausschließlich mit heimischen Gehölzen, Stauden, Blumenzwiebeln & Co gestaltet ist. Oder in einem Garten, der heimischen Pflanzen in kleinerem oder größerem Umfang Raum gibt – verwendet als z. B. Beerenschmuckgehölz, Blütenhecke, Laubschmuckgehölz, Naschobst, Sichtschutz, Vogelnährgehölz, Vogelnistgehölz oder dergleichen mehr.

WIESO WILD, WIESO HEIMISCH?

Wildgehölze sind solche, die sich in unseren Breiten über einen Zeitraum von tausenden von Jahren hinweg entwickelt haben. Heimisch sind sie dort, wo sie sich entsprechend den Bedürfnissen der Art an ihre Standortfaktoren (wie Boden, Nährstoffbedarf, Feuchte, Temperatur etc.) in einem Areal eigenständig verbreitet haben, ohne Zutun des Menschen.

Wassergarten: Wildenei oder Wildtieroase?

Wassergärten faszinieren und beleben das grüne Wohnzimmer im Freien wie kaum ein anderes Gartenelement. Heiße Sommer machen die wellende Wassertankstelle bei allerlei Gartentieren beliebter denn je zuvor – und sie kühlt das Mikroklima durch verdunstetes Wasser.

Essentials

GARTENTEICHE bereichern die Gartenoptik, seine Flora und Fauna.

JE GRÖSSER DAS WASSERVOLUMEN, desto stabiler die Wasserbiologie.

DU KANNST GARTENTEICHE mit Naturmaterialien bauen.

BIOTOPFISCHE im Teich reduzieren die Mückenlarven.

SMARTE TEICHTECHNIK trägt zu mehr Pflegeeffizienz bei.

BASICS BEACHTEN

Wer einen gepflegten Wassergarten besitzt, wird ihn nicht missen wollen. Aber genau da liegt der Hase im Pfeffer: bei der Pflege. Doch es gilt, nicht die Bedenken pflegen, sondern das Gewässer!

Die Lösung zum Erhalt eines sinnvollen, schönen Wassergartens liegt ganz einfach darin, ihn als Zusammenspiel vieler Faktoren zu verstehen. Je größer das Wasservolumen im Naturteich (am besten +25 m^3), desto wirksamer entwickelt sich darin eine Bakterienflora, die für effektive Selbstreinigungskraft des Gewässers sorgt. Disziplinierung beim Fischbesatz (ca. 10 cm Fischlänge/m^3 Wasser gelten als ganzjährig selbst ernährend) ermöglicht es, auf die Fütterung und damit auf Nährstoffeintrag (Futterreste, Fischkot) zu verzichten, der das Algenwachstum fördern würde. Zusätzlich filtern Teichmuscheln das Wasser und entziehen ihm Nährstoffe, sprich: Algenfutter. Je geringer der Nährstoffeintrag in den Teich, desto eigenständig nachhaltiger bleibt sein Wasser sauber. Das reduziert den Befall mit Algen auf das für

Schwimmteich – da tobt das Leben!

NACHHALTIGE BIODIVERSITÄT

die Teichbiologie wohltuende aber geringe Maß. Daher auch darauf achten, dass möglichst wenig verrottendes Pflanzenmaterial ins Wasser gelangt. Das gelingt durch Pflanzenpflege sowie den Einsatz von Laubschutznetz und Skimmer. Ergänzend dazu ab und zu die Karbonathärte des Wassers checken und erforderlichenfalls korrigieren. Der Einbau eines effektiven Gartenteichfilters gibt zusätzliche Sicherheit: Je kleiner der Teich und je größer der Besatz, desto eher ist ein Filter Pflicht.

EFFIZIENTE TEICHTECHNIK

Ist technische Unterstützung erforderlich oder macht sie auch nur einfach die Teichpflege bequemer, empfehlen sich Pumpen mit geringer Leistungsaufnahme (ab ca. 40 Watt), aber hoher Motoreneffizienz. Mit Seasonal Flow Control (SFC) ausgestattet, passen sie ihre Leistung den saisonalen Erfordernissen an. Sie reduzieren die Pumpleistung bei kälterem Wasser. Dann, wenn die Filterbakterien ihren Stoffwechsel eh zurückfahren. Das kann den Stromverbrauch der Pumpe um bis zu 30 % mindern. Mit smarten Zusatzfunktionen, wie Garden Control bzw. per App, reduzieren individuelle Pumpeneinstellungen den Stromverbrauch noch weiter. Weil Pumpenleistungen im Sommerhalbjahr anfallen, empfiehlt sich die Anbindung der Teichelektrik an die eigene Stromerzeugung, z. B. mithilfe von Solarpaneelen.

WASSER MARSCH FÜR WILDTIERE

Ob gleich einbauen oder nachrüsten: Sorge für flach geneigten Zugang zum kostbaren Nass. So gelangen Igel, Eichhörnchen & Co gefahrlos ans Wasser. Und in den Teich gefallene Tiere über Flachwasserzonen bzw. leicht erklimmbare Ausstiegshilfen sicher wieder heraus. Vögel nutzen solche Zonen für ihre Bäder. Gestalte die Umgebung der Vogelbadbereiche deckungsarm, sonst nutzen Katzen den Uferbereich, um schnell und einfach Beute zu machen.

Sonnig warm, vor Zugluft und Regen geschützt, stehen Deine Insektenhotels inmitten der blühenden Teichrandbepflanzung optimal. Das Wasser nebenan versorgt die Tiere selbst noch im heißen Hochsommer zuverlässig. Das Gleiche gilt für Deine Ganzjahres-Fütterstation für Gartenvögel.

> **AUF KUNSTSTOFF VERZICHTEN**
>
> Ob Teich oder Wasserlauf, ein Wassergarten kann sinnvollerweise, muss aber nicht zwingend aus Folien oder Glasfaser verstärktem Kunststoff (GFK) gebaut sein. Auslaufsichere Abdichtungen lassen sich auch mit dem Naturbaustoff Ton erstellen. Alternative Baumaterialien sind dann Tonplatten (z. B. Teichbauelemente aus Ton) oder Abdichtungsmaterialien aus Tongemischen (wie Dernoton Ton Fertigmischungen) – jeweils ggf. kombiniert mit einem verwitterungsfesten Geotextil.

Schutz vor Laub heißt Schutz vor Algen.

Rettungsweg für Hineingeplumpste

Wenn kleinere Kinder im Garten unterwegs sind, kann ein Zaun für sie als Schutz hilfreich sein.

BEZUGSQUELLEN

Bio-Saatgut

www.bingenheimersaatgut.de
www.dreschflegel-saatgut.de
www.magicgardenseeds.de
www.samenfest.de

Bio-Pflanzen

www.allgaeustauden.de
Stauden, Gräser, Kräuter, Rosen, Gehölze, Farne

www.biogartenversand.de
Bioobstbäume, Wildobst, Nüsse, Gemüse und Kräuter, Zierpflanzen

www.gaißmayer.de
Stauden, Gräser, Kräuter

www.krauter-und-duftpflanzen.de
Würzkräuter, Heilkräuter, Duftpflanzen

Bewässerung

www.blumat.de

Pflanztöpfe

www.elho.com
Nachhaltige Blumentöpfe

www.pottburri.de
Biologisch abbaubarer Pflanztopf, außerdem Pflanzen, Saatgut

Dünger, Erde

www.pottburri.de
www.memolife.de
www.kleepura.de

Grillen

www.rebenglut.de
Einfach natürlich grillen

www.memolife.de
Grills und Zubehör, Feuerschalen, außerdem Gartenmöbel, Vogelhäuser

Gartenausstattung

www.krumpholz1799.de
Forst- und Gartenwerkzeuge

www.manufactum.de
Gartenmöbel, Gartenwerkzeuge, Nistplätze, Anzucht & Pflege, Gemüsesamen, Saatgut

www.bundladen.de
Gartenmöbel, Nistkästen, Igelhäuser, Pflanzen & Zubehör, Feuerstellen, Saatgut

Tiernahrung

www.welzhofer.eu
Vogelfutter für Gartenvögel

Vereine und Verbände

www.ahornblatt-pflanzenvielfalt.de
Biodiversität der heimischen Pflanzenwelt

www.arche-noah.at
Verein zur Bewahrung und Pflege von gefährdeten Gemüse-, Obst- und Getreidesorten

www.mundraub.org
Essbare Landschaft; Fundortkarte mit Obstbäumen, Nüssen, Kräuter zur Selbsternte

www.nabu.de
Ältester Umweltverband von Deutschland für Artenvielfalt und intakte Lebensräume

www.prospecierara.ch
Schweizerische Stiftung für die kulturhistorische und genetische Vielfalt von Pflanzen und Tieren

www.nutzpflanzenvielfalt.de
VEN – Verein zur Erhaltung der Nutzpflanzenvielfalt

ZUM WEITERLESEN AUS DEM KOSMOS VERLAG

Ihre Themen — Unser Newsletter

Sie möchten regelmäßig aktuelle Neuigkeiten, Informationen und Angebote zum Thema Garten erhalten?

Fundiert recherchiert — Wissen aus der Praxis Alles Wichtige auf einen Blick

Dann melden Sie sich jetzt für unseren Newsletter an.

www.kosmos.de/newsletter

Manuela Gaßner.
Wenn nicht jetzt, wann dann?
Ressourcenschonend und nachhaltig gärtnern.
176 Seiten, 26 €

Franzi Schädel.
Geschenke pflanzen –
nachhaltig & saisonal aus dem Garten.
128 Seiten, 18 €

Melanie Öhlenbach.
Grüner geht's nicht –
nachhaltig gärtnern auf dem Balkon.
128 Seiten, 18 €

Joachim Mayer.
Biodünger selbst herstellen.
128 Seiten, 16 €

Simone Kern.
Trockenhelden –
naturnah gärtnern ohne gießen.
128 Seiten, 20 €

Simone Kern.
Der antiautoritäre Garten –
Gärten, die sich selbst gestalten.
128 Seiten, 20 €

Ortrud Grieb.
Wer kann mit wem im Beet?
Die besten Partner – pflegeleicht & ökologisch.
96 Seiten, 15 €

Peter Berg.
Biogärtnern –
ernte dein eigenes Gemüse.
96 Seiten, 12 €

REGISTER

Fette Seitenzahlen verweisen auf Abbildungen.

A
ABC-Technik 65
Acker-Schachtelhalm 114
Anbauplanung 78 ff., **78 ff.**
Auswahl, Pflanzen 68 f., **68 f.**

B
Beleuchtung, Garten 56 f., **56 f.**
Bewässerung, automatische 54 f.
Biopflanzen 47
Biosaatgut **47**
Blumenerde 36 f., **36 f.**
Blumenwiese 18 f., **18 f.**
Bodenfeuchte 70 f., **70 f.**
Bodenleben 25
Bodenlockerung 12, **12**
Bodenpilze 37
Brennnessel 114
Bügelzughacke **23**

D
Düngen 100
Düngen 24 f., **24 f.**, 74 f., **74 f.**
Düngen, vegan 100
Düngung, mineralische 25
Düngung, organische 25

E
Einkaufen 20
Erde, Bio- 50
Erde, mineralische 37
Ernte 80 f., 98 f.
Ersatzpflanzen, Rasen- 19, **19**

F
Fallobst 84 f., **84 f.**
Fassadenbegrünung 76 f., **76 f.**
Fruchtfolge 73

G
Garten, smarter 34 f., **34 f.**
Gartenarbeiten 11 ff., **11 ff.**
Gartenbeleuchtung 56 f., **56 f.**
Gartenboden 12

Gartengeräte 46, 48 f., **48 f.**
Gartenordnung 26
Gartenvögel 112 f., **112 f.**
Gehölze, heimische 116 f., **116 f.**
Gehölzschnitt 14 f., **14 f.**
Giersch 114
Gießen 23, 28 f., **28 f.**, 52 ff., **52 ff.**
Grabegabel 13
Grill 60 f., **60 f.**
Grubber 13, 22 f., **22 f.**
Gründüngung 79

H
Hacken 22 f., **22 f.**
Haustiere 102
Heimtiere 102 f., **102 f.**
Holz 40 f., **40 f.**
Holzkohle 60 f.
Holzschutz 41

I
Igel 108 f., **108 f.**
Insekten 106 f., **106 f.**

J
Jauche 74 f.

K
Keyhole-Beet **82**
Kompost 74 f., **74 f.**
Konservieren 98 f., **98 f.**
Kultivator 13
Kulturschutznetz 78 f., **79**
Kunststoff 41, 119

L
Lagerung 85, **85**, 98 f., **98 f.**
Langzeitkulturen 79
Laufenten **102**
LED 57
Lichtfarbe 57
Lichtsysteme 57
Luftstickstoff 24 f., **25**

M
Mischkultur 72 f., **72 f.**
Mittelzehrer 25
Moor 50 f., **50 f.**
Mulchen 71, **71 f.**

N
Nachhaltigkeit, 6 Rs 9
Nachtfalter 57, **57**, 107
Nährstoffe 24
Nistkästen **113**
Nützlingen 107

O
Obstbäume, alte 86 f., **86 f.**
Obstbaumschnitt 15, **15**

P
Pflanzenauswahl 68 f., **68 f.**
Pflanzenfamilien 73
Pflanzenreste 82 f.
Pflanztöpfe 38 f., **38 f.**
pH-Wert 25
Plastik 38

R
Rasen 16 ff., **16 ff.**, 42 f., **42 f.**
Rasen-Ersatzpflanzen 19, **19**
Rasenkamille 19
Rasenmäher 42 f., **42 f.**
Rasenmähen 16 f., **16 f.**
Recycling 38 f., 82 f.
Regenwürmer 13
Reifezeit 84
Reinigen, Gartengeräte 48 f., **48 f.**
Ressourcen schonen 32 f., **32 f.**
Rückschnitt 14 f., **14 f.**

S
Sauzahn 12, **12**
Schädlinge 78
Schafe **103**
Schattenbäume 58
Schnecken 108 f., 110 f., **110**
Schneckenkorn 111

Schneckenzaun **111**
Schuffelhacke **23**
Schwachzehrer 25, 73
Solarpaneele 44, **45**
Sonnenschutz 58, **58**
Sonnensegel 58
Sorten, Gemüse- 66 f., **66 f.**
Sortenerhaltung 66 f.
Spork 13, **13**
Starkzehrer 25, 73
Strom 35, 44 f., **44 f.**

T
Technik, ABC- 65
Teich, Wildtiere 119, **119**
Teichtechnik 119
Tiere, Garten 100 f., **100 f.**
Torf 50 f., **50 f.**
Torfersatzstoffe 36
Trockenkünstler 70 f.

U
Umgraben 12, **12 f.**
Unkraut 23, 114 f.
Upcycling 32 f., **32 f.**

V
Vagabundenpflanzen 27
Vegan düngen 100
Veredelung 86
Vertikal gärtnern 76 f., **76 f.**

W
Wasser sammeln 53
Wassergarten 118 f., **118 f.**
Wasserspeicher 53
Wasserzähler 54
Weihnachtsbaum 88 f., **88 f.**
Wetterstation 34
Wiesenpflege 19
Wildkräuter 114 f.
Wildobst 79
Wildpflanzen 107
Wildtiere, Teich 119
WPC 41

Welzhofer®

Gemeinsam für unsere Welt von morgen

Mit Liebe gemacht für unsere gefiederten Gäste

Wir geben Wildvögeln eine Heimat, wenden uns mit allen unseren Handlungen gegen das Artensterben und steigern den Wildvogelbestand nachhaltig.

Dabei ist uns der schonende Umgang mit wertvollen Ressourcen sehr wichtig. So gibt es z.B. unsere Gourmetknödel ohne Netz oder im kompostierbaren Bio-Netz.

Entdecken Sie jetzt unsere Nistkästen, Futtersäulen & Co. in der gewohnten Welzhofer-Qualität.

ohne Netz

Zur optimalen Fütterung in unseren Futtersäulen empfehlen wir:

Bio-Netz

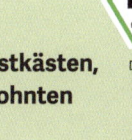

welzhofer.eu

GANZJAHRES-VOGELFUTTER

Geballtes Wissen

160 Seiten

Welcher Gartenanfänger kennt das nicht: Jedes kleine Grün im Stauden- oder Kräuterbeet wird freudig begrüßt, aber oft fragt man sich: Was keimt denn da? Dieses Buch zeigt mit klaren Beispielfotos, wie man Jungpflanzen an der Blattform erkennt. So lernt man die lästigen von den schönen und nützlichen Sämlingen zu unterscheiden. Die Autorin zeigt, wie sich Unkraut vermeiden lässt, aber vor allem schärft sie das Auge für überraschende Entdeckungen im eigenen Garten. Denn viele Grünlinge tragen später prächtige Blüten, sind wertvoll für Boden und Tiere oder schmecken köstlich als Tee, Salat oder Gewürz. Ein ungewöhnliches, inspirierendes Buch für spannende Gartenerlebnisse mit der ganzen Familie.

kosmos.de

Kaum fängt es im Frühjahr an zu sprießen, entdeckt man Blätter oder Blüten, die seltsam aussehen. Ist das normal oder sind sie krank und muss man vielleicht etwas tun, um die Pflanze zu erhalten? Welches Insekt ist Freund, welches Feind und wie wird man unerwünschte Gartengäste wieder los? Ob Verfärbungen, Fraßspuren oder andere Auffälligkeiten – mit den detaillierten Fotos in diesem Buch ist der Grund schnell gefunden. Bärbel Oftring erklärt, welche Pflegefehler, Krankheiten oder Schädlinge dahinterstecken, und zeigt, wie man seine Pflanzen auf natürliche Weise gesund erhält. So macht der Blick in den Garten bald wieder Spaß!

144 Seiten

144 Seiten

Welche Pflanzen können wir in den Garten setzen, damit Vögel, Insekten und Amphibien kommen und bleiben? Wie sieht das Rundum-Wohlfühlpaket für Wildbiene oder Igel aus? Dieses Buch macht die tierfreundliche Gartengestaltung einfach wie nie zuvor. Steckbriefe stellen das Tier und seine Lieblingspflanze vor. Nützliche Nebenpflanzen sowie notwendige Gartenstrukturen wie Hecken oder Kompost runden das Infopaket ab. So genügt ein Blick, um zu wissen, welche Pflanzen eine Tierart für Nahrung, Aufzucht und Schutz braucht. Ein moderner Ratgeber für praktischen Tierschutz im Zier- und Nutzgarten.

Erfolgreiches und zugleich entspanntes Gärtnern ist eine Frage des richtigen Timings. Wichtiges rechtzeitig erledigen und Überflüssiges weglassen, lautet die Devise des erfahrenen Gartenfachmanns Thomas Heß. Monat für Monat zeigt er, was im Ziergarten, Gemüse-, Kräuter- oder Obstgarten getan werden muss, damit alles prächtig gedeiht. Checklisten mit den wirklich wichtigen Arbeiten für jeden Bereich sorgen für einen schnellen Überblick und erleichtern das Umsetzen. Effizient und erfolgreich durchs Gartenjahr – so bleibt genug Zeit, um die grüne Oase ausgiebig zu genießen.

128 Seiten

Wann dürfen die Karotten ins Freiland? Wie muss ich Tomaten ausgeizen? Und woran erkenne ich erntereifen Spinat? Dieser neue Ratgeber für Selbstversorger beantwortet jede Frage zur Gartenpraxis im Gemüsebeet anhand von detaillierten Fotos. Von Aussaat und Pflanzung bis zur Ernte wird auf den Fotos gezeigt, wie die Pflanze gerade aussieht und was im jeweiligen Stadium zu tun ist. Die anschaulichen, leicht verständlichen Anleitungen werden ergänzt durch eine übersichtliche Tabelle zu Mischkulturpartnern, Pflanzabständen und Kulturdauer. Der perfekte Begleiter, besonders für Einsteiger beim Gemüsegärtnern.

144 Seiten

Wochenlange Trockenheit oder Niederschläge, zu früher oder zu später Frost: Der Garten ist im Wandel. Was tun, wenn zu viel Sonne oder Regen den Pflanzungen zusetzen? Dieser moderne Ratgeber erklärt, welche Arbeiten bei extremen Wetterlagen, im Garten und auf dem Balkon sinnvoll sind, stellt robuste Pflanzen vor und zeigt anhand von Musterbeeten, wie man sie bestmöglich arrangiert. Ein eigenes Kapitel präsentiert die „Alleskönner": Pflanzen und Beete, die für jedes extreme Wetter geeignet sind. So macht der Garten Freude – auch in Zeiten des Klimawandels.

128 Seiten

kosmos.de

BILDNACHWEIS

Mit **168** Farbabbildungen

Flora Press (66): /Antje Michaelis-Haegner S. 5 li, /Barbara Ellger S. 5 mi, /Ute Klaphake S. 8 u, /Fork Handles S. 10, /Nathalie Pasquel S. 15 li, /gartenfoto.at S. 17 li, /Derek St. Romaine S. 18, /Liz Eddison S. 19 li, /Martin Hughes-Jones S. 19 re, /Danièle Dugré S. 22, /Antje Michaelis-Haegner S. 26, /Thomas Dupaigne S. 27 li, /Melli Freudenberg S. 27 re, /Sally Tagg S. 30, /Nathalie Pasquel S. 33 li, /FocusOnGarden, Ursel Borstell S. 40 o, /Christine Ann Föll S. 48, 49 re, /Meyer-Rebentisch S. 49 li, Evi /Pelzer S. 53 o, /Royal Horticultural Society S. 53 u, /gartenfoto.at S. 54, /Melli Freudenberg S. 56 li, /gartenfoto.at S. 57 li, /Nature In Stock, Karin Rothman S. 57 ure, /Gary Rogers S. 58, /Bildagentur Beck S. 59 li, /Domingo Vazquez S. 59 re, /gartenfoto.at S. 64, /Sibylle Pietrek S. 65 li, /Martin Hughes-Jones S. 65 re, /Virginie Quéant S. 66 re, /BIOSPHOTO, Jean-Michel Groult 67 re, /Ulrike Schmidt S. 68, /Lilianna Sokolowska S. 69 li, /Visions S. 70, /Karin Goldbach S. 71 ore, /Digitalice Images S. 72, /Ute Klaphake S. 73, /Otmar Diez S. 75 re, /Redeleit&Junker/L.Redeleit S. 77, /Gary Smith S. 79 re, /Ute Klaphake S. 82, 83 oli, /GWI, Floramedia S. 84 re, /Gary Rogers S. 85 o, /Visions S. 87 li, /Sibylle Pietrek S. 87 re, 89 re, /Josefin Widell Hultgren S. 90, 92, /Meyer-Rebentisch S. 93 li, /DEKOkiss S. 93 re, /Derek St. Romaine S. 96, /Evi Pelzer S. 97 ure, /BIOSPHOTO, Jean-Michel Groult S. 98 li, /Meyer-Rebentisch S. 101 u, /Antje Michaelis-Haegner S. 104, /FLPA Images of Nature S. 109 re, /Ute Klaphake S. 111 u, /Karin Goldbach S. 113 oli, /Digitalice Images S. 113 ore, /Katharina Pasternak S. 115, /Karin Goldbach S. 117, /Evi Pelzer S. 118, /gartenfoto.at S. 119 re; **GAP Photos(3):** /Michael Howes S. 12 li, /Tim Gainey S. 37 li, /Michael King S. 85 u; **Gartenbildagentur Friedrich Strauß (9):** /NouN S. 8 o, /Bell, Sussie S. 33 re, /Strauß, Friedrich S. 71 li, 75 oli, 88, /Meyer-Rebentisch, Karen S. 111 o, /Didillon, Frédéric S. 114, /Strauß, Friedrich S. 116 li, 119 li; **Birgit Grimm (3):** S. 47, 50 re, 110; **Armin Hambrecht (1):** S. 61 u; **Frank Hecker Naturfotografie (5):** S. 107 u, 108, 112, 113 u, 119 mi; **Engelbert Kötter (5):** S. 37 re, 43 omi, 66 li, 67 li, 128; **Krumpholz (1):** S. 13 li; **mauritius images (12):** /imageBROKER, Oleksandr Latkun S. 4, /imageBROKER S. 7, /Alamy Stock Photos, Alec Scaresbrook S. 25 uli, /Alamy Stock Photos, Tomasz Klejdysz S. 25 o, /Alamy Stock, Photos, Zbynek Pospisil S. 39 li, /Westend61, Florian S. 40 u, /RODRUN, Knöll S. 50 li, /Westend61, Krupina S. 62, /Garden World Images, Oscar D'arcy S. 79 oli, /Westend61, Tom Chance S. 95 ore, /Garden World Images, Trevor Sims S. 107, /Garden World Images, Ian Thwaites S. 109 li; **Karen Meyer-Rebentisch (1):** S. 76; **Kerstin Mumm (2):** S. 94, 95 oli; **Pottburri (1):** S. 39 re; **Shutterstock (57):** /Vikmanis S. 2, /Jurga Jot S. 5 re, /neumiler S. 12 li, /photographyfirm S. 13 re, /Peter Turner S. 14, /MVolodymyr S. 15 o, /Sergey and Marina Pyataev S. 16, /Stokkete S. 20, /Ulf Wittrock S. 21 o, /sirtravelalot S. 21 u, /Vaclav Mach S. 23 o, /Koliadzynska Iryna S. 23 ure, /Emine Kamaci S. 23 umi, /Nikita Gordienko S. 24, /badnews86dups S. 25 ure, /Grustock S. 28 li, /DROPERDER S. 28 re, /gianpihada S. 29 o, /AlexMarchenko2020 S. 29 u, /Spitzi-Foto S. 32 ore, /Visharo S. 32 uli, /stockwerk-fotodesign S. 34 li, /AlexDreamliner/Shutterstock S. 35 o, /F.Schmidt S. 35 u, /F.Schmidt S. 36, /Nachaliti S. 38, /ronstik S. 41 u, /Vikmanis S. 42 o, /Sergey Spritnyuk S. 43 ure, /nnattalli S. 45 oli, /Mariana Serdynska S. 45 ore, /sanddebeautheil S. 46, /German Globetrotter S. 51 o, /Okrasiuk S. 52, /Ralf Geithe S. 55 o, /AOME1812 S. 55 u, /Ground Picture S. 56 re, /Bespaliy S. 57 ore, /RossHelen S. 60, /Peera_stockfoto S. 61 ore, /iMarzi S. 69 re, /bonchan S. 71 ure, /Steve Cymro S. 74, /Real Moment S. 78, /Clare Lusher S. 79 uli, /matunka S. 81 uli, /Steve Cymro S. 81 re, /Sunny_Smile S. 83 re, /eugenegurkov S. 84 li, /Edda Dupree S. 89 li, /Rawpxel.com S. 97 omi, /Valentyn Volkov S. 99 o, /istetiana S. 99 mi, /zlatkozalec S. 100, /encierro S. 101 o, /Pierre Watson S. 106, /CarlsPix S. 116 re; **stock.adobe.com (2):** /Ingo Bartussek S. 102, /erwin S. 103;

IMPRESSUM

Umschlaggestaltung von GRAMISCI Editorialdesign/Isabelle Jozina Fischer– unter Verwendung 5 Fotos von: GAP Photos/Tim Gainy (Vorderseite), Getty Images/iStockphoto (Rückseite), shutterstock/eurobanks (hintere Außenklappe), /alicja neumiler (links, innere Vorderklappe), Frank Hecker Naturfotografie (rechts, innere Vorderklappe);

Mit 173 Farbabbildungen.

Alle Angaben in diesem Buch sind sorgfältig geprüft und geben den neuesten Wissensstand bei der Veröffentlichung wieder. Da sich das Wissen aber laufend in rascher Folge weiterentwickelt und vergrößert, muss jeder Anwender prüfen, ob die Angaben nicht durch neuere Erkenntnisse überholt sind. Dazu muss er zum Beispiel Beipackzettel zu Dünge-, Pflanzenschutz- bzw. Pflanzenpflegemitteln lesen und genau befolgen sowie Gebrauchsanweisungen und Gesetze beachten.
Die Blütenfarben sind sortenabhängig, daher können auch Farben auf dem Markt sein, die im Buch nicht genannt werden. Die Blütezeiten sind ebenfalls sortenabhängig, aber auch klima- und standortabhängig. Die angegebenen Wuchshöhen und -breiten der Pflanzen sind Mittelwerte. Sie können je nach Nährstoffgehalt des Bodens variieren. Verschiedene Sorten können deutlich größer oder auch kleiner wachsen als die Art.

Unser gesamtes Programm finden Sie unter **kosmos.de.**
Über Neuigkeiten informieren Sie regelmäßig unsere
Newsletter, einfach anmelden unter **kosmos.de/newsletter**

© 2024, Franckh-Kosmos Verlags-GmbH & Co. KG,
Pfizerstraße 5–7, 70184 Stuttgart

Alle Rechte vorbehalten
Wir behalten uns auch die Nutzung von uns veröffentlichter Werke für Text und Data Mining im Sinne von §44b UrhG ausdrücklich vor.

ISBN 978-3-440-17878-2

Projektleitung: Birgit Grimm
Redaktion: Birgit Grimm
Gestaltungskonzept: GRAMISCI Editorialdesign/Claudia Geffert
Gestaltung und Satz: Daniela Petrini, A-Reutte
Produktion: Klaus Jost
Druck und Bindung: Westermann Druck Zwickau GmbH, Zwickau
Printed in Germany / Imprimé en Allemagne

ENGELBERT KÖTTER

Damit nachhaltiges Gärtnern sicher gelingt, braucht es die zielführende Orientierung. Engelbert Kötter hat alles, was es dazu braucht, sie zu geben: langjährige Praxiserfahrungen rund um Garten, Pflanzen, Heim- und Haustiere. Und natürlich das wichtigste: ein Mindset voller Leidenschaft für alles rund um Blatt und Blüte, Fell und Pfote, Feder und Schuppe. Sein Anliegen: die Freude an Pflanzen, Garten und Tieren von heute so in die Zukunft zu tragen, dass sie auch in Zukunft Menschen begeistert und inspiriert. Nichts anderes, will Nachhaltigkeit im eigenen Garten.